エネルギー使いの達人になる

神氣《しんき》と人氣《じんき》

まるの日圭

一つの神社に二つある異なるエネルギーの使い方

ヒカルランド

はじめに

日本人は神社好きな人が多いです。かく言う僕も好きな神社の一つ二つはありまして、近所の神社の境内をぶらぶらしてぼんやりしているのも好きです。清々《すがすが》しい気持ちがたまりません。

そんな日本人には、身近な神社をパワースポットのように見て「あの神社はいい」とか、そういう話で神社の良し悪しを語る人たちもいます。

そんなふうにパワースポット扱いされているとはいえ、その神社の成り立ちを見ると「これ、パワースポット扱いしていいのかな?」というのもあったりしますし、神社そのものに、個人的な「いい感じ」とか「悪い感じ」なんかを感じるところがあったりします。

で、こういうのを自分で体験していく中で。

「なんで、この違いがあるんやろか？」

と思い、自分なりに怪しげな経路（いわゆるあっちの世界の人たち）から情報を得たりしてきました。

その結果、「神社にはエネルギーの質として二種類ある」のが、自分で体感できるようになり。

それが、今回この本で語る神氣《しんき》と人氣《じんき》の話です。

ざっくり言うと、神社には「神氣」と「人氣」という二つのエネルギーが存在し、それのどちらかが多い神社もあれば、片一方に占められている神社もあります。

神氣と人氣、初めてこの言葉を聞く方も多いと思います。

僕がこの言葉を初めて聞いたのは、家を建てる際に地鎮祭をしていただいた、神主さんからでして。

「神社でも清浄な場所には神の気『神氣』が満ち、人が集まるところには、人の気『人氣』が満ちる」

というような言葉を聞きまして、「なるほど」と思ったので、それ以来「神氣」「人氣」という言葉をあらゆるところで使うようになりました。僕のオリジナルの言葉ではないんですけどね。

前作『人・物・お金の流れは太くなる』（ヒカルランド）でも、エネルギーについての話をしています。

この本では、「世の中の人の間にあるエネルギーを循環させていくことができる人たち」と、「自分自身の本質のエネルギーを強く流せる人たち」が、成功者と言われる人になれるという話を書いていました。

それらをふまえて、人から感情エネルギーを集め活用するやり方と、自分の本質につながってエネルギーを満たしていく方法の、二種類のエネルギーの動かし方を示しています。

今回出てくる「神氣」「人氣」を前作になぞらえると、自分の本質につながれるように穢《けが》れを祓《はら》い、本質につながる流れを加速させ、自分本来の生き方になるように力を貸してくれる宇宙やら自然やらのエネルギーを神社で感じたならば、それが「神氣」に相当するものです。これを愛とか無条件のなんとかとか言ってもいいのですが、ここでは「神氣」とジャンル分けしますね。

一方、人の感情エネルギーを集め活用するエネルギーが神社にあれば、それが「人氣」にあたります。

今回の本の理解を深めるには、前作を読んでいただけるとさらによいかと思います。とはいえ、前作を知らない人にも「神氣」と「人氣」の違いと、使い方がご理解いただけるような内容の本になっていますので、心地いいカフェなんかでゆったりした気分で、気軽に読んでいただけましたら。

神氣とは、土地や宇宙に存在する膨大な、そこにすべてが「ある」ことを無条件で許可し受け入れてくれるエネルギー。

人氣とは、人の感情が揺れる際に生まれる、人の間を循環する、人を動かす荒く強いエネルギー。

荒魂《あらみたま》、和魂《にぎみたま》、という言い方もありますが。

そういうものとは今回、ちょっと違うところの雰囲気になりますよ。

この本を読んで、どちらを使うかはあなた次第——。

目次

Part 1

神氣と人氣の違い

Part 2

これは神氣？　それとも人氣？　具体例から知る神氣と人氣

Part 3

土地のエネルギーから知る神氣と人氣

この本は、2017年5月に東京で行われた著者主催の夜会（夜の講演会）「神氣と人氣の違いとは」の内容をもとに、質疑応答の活発なワークショップの様子を再現する形で構成しています。

カバーデザイン　三瓶可南子
表紙画・章扉画・本文イラスト・写真　まるの日圭
校正　麦秋アートセンター
本文仮名書体　文麗仮名（キャップス）

Part 1
神氣と人氣の違い

神社内にあるエネルギーの違い

まるの日　日本各地には神社があります。

スマホを開いてGoogle Mapでちょっと地図を見ていただくと、すぐ近くにいくつか神社がありますよね？　余程の田舎でないかぎり、日本では人が生活してるところには神社があるものです。

神社は日本人には身近な存在で、たとえば、お宮参りや七五三など生まれてから関わるところがあったり。

初詣、地鎮祭をお願いするなど住む家と土地に関わるところがあったり。

厄払《やくばら》い、お祓《はら》いなど、日常の中でついてくる穢《けが》れを祓うことをしたり。

受験や商売繁盛、恋愛成就など自分の生活をより豊かにするための生活に密着した部分があったりと、生活の中で様々につながりを持って存在してます。

ですが、身近すぎて、神社という存在について深く考えてみる機会は、あまりないかと。

最近の神社ブーム的な話で「そうだ神社に行こう」という興味を持つ人も出てきたかもしれませんが、それはごく一部ですよね。

僕も今のスピリチュアル系の仕事をはじめるまでは「神社？　神頼みするところでしょ？」的なことを考えていたくらい。

気休めのための場所、お守りと御札《おふだ》を買うところのイメージでしたかね。

あとは、巫女《みこ》さんを堪能できる場所という認識ですか。

いや、今は違いますよ。

で、僕もこういう仕事していると「神社行きましょう」なんて話になるので、いろいろと神社をめぐってきましたところ。

同じ神社の敷地にも、いろんなエネルギーの差があるんですよね。

たとえば、境内の真ん中。

はじっこ。

あるいは何かのお社《やしろ》の前。あるところなんか、前に進めないくらい「やばいぞこれ!」感があったりしましたし。

某神宮の某稲荷系の社は、やばかったですねぇ。足が進みませんでしたから。

こんなふうに神社内で感じるエネルギーの違いについて、近所の神社の神主さんに「神氣《しんき》」と「人氣《じんき》」の話を聞いてから、その原因がわかってきたところです。

その神主さんは結構年齢を重ねていらっしゃる方なのですが、パソコンやらネットを使って様々な情報を集めたり。

ご自身で本を書いて「阿蘇の神社の配列は、阿蘇の火口を中心に平行四辺形に配置されている」ことなどをご自分で調べたりと、様々な事象に詳しい方でした。

余談ですが、その方の本はちゃんとサイン入りで持ってますよ。某Amaz◯nで購入できますので、興味ある人は後で声をかけてくださいね。

さて、そんな話はさておき。

神社には、そんな「神氣」と「人氣」の二つの領域があります。

また、神社そのものもおおまかに「神氣系の神社」と「人氣系の神社」に分けることができます。


土地そのものにある〝その者の本質〟につながるエネルギー「神氣」。

人間の感情エネルギーが生み出した人の気「人氣」。


性質のまったく異なるこの二つのエネルギーは、それぞれに働き方、使い方があると思っています。


宇宙からのエネルギー、土地のエネルギーのような膨大な柔らかなエネルギーは人間を本質の生き方に近づけてくれて。

人の間を動く感情のエネルギーは、人間の欲やエゴに反応し力を貸してくれる。

というのを体験で学びました。

この業界で仕事をしてますと、いわゆる人の感情を揺さぶってエネルギーを集める人たちの関わり、そんなものがいくつかありまして、「感情エネルギーのやりとり、だる～っ。メンドクセー」となり、疲れたところもありました。

そこから基本的に「人間は本質に沿って生きるほうが豊かになる」という方向に人生が入っていったところがあります。

現状の自分の生き方を見るに、「人氣より神氣を活用したほうが人生イージーモードでいいんじゃないかなぁ」と思っているくらいです。

とはいえ、人によっては、人氣＝感情エネルギーを使うほうがいい人もいますので、人氣エネルギーを否定しているわけではありません。

神氣と人氣の話は、単に、得意か苦手かの話。

学校の部活で、体育系を選ぶか文化系を選ぶか、そんな「ジャンル」の話ですよ。

神社にお詣《まい》りをするときに、実は、どちらのエネルギーを使うかという選択があります。自分がどちらを使いたいかで選ぶことができます。

けれども、それを知らずに無意識に使っているというのが大半の方々ですね。

これから説明します、神社にある二つのエネルギー。

ご自身の人生をよりよく生きる手助けにするために、皆さんにもこれらの違いを知って、うまく活用していただければと思います。

神氣《しんき》とは

後から出てくる事例（パート2参照）を読んでいけば、神氣と人氣の違いはピンとくるかと思いますが、まずは、ざっくりとそれぞれについて話していきたいと思います。

神氣とは、土地そのものにある自然エネルギーのことです。

基本的に、無限で無尽蔵なエネルギーです。宇宙から、地球から、自然のすべてのものからあふれ出すエネルギー。それを「愛（アガペー的な）」とか、そういう言い方もありますが。

もともと神社は、昔から守られ、崇《あが》められているような場所、たとえば岩、山、海、湖、水の湧き出《い》でるところなどに作られていることが多いものです。

ですから、ご神体が山、池など、自然にある場所そのものを祀《まつ》っている神社には、神氣が満ちています。

神氣に触れると、清々しい感じがします。

すっきりします。

「ここに自分がいていい感覚」

「満たされている感じ」

「自然に、地球に受け入れられている感じ」などを感じられ、一体となった幸福感に包まれる場合もあります。

また自分自身が研ぎ澄まされて、精神から無駄なものがそがれていく感覚もあるかもしれません。

これは、神氣に触れると、自分が持っている穢れや囚われ（ブロック）が取れる＝祓われるところがあるから。

自分の持つ囚われ、穢れすらも受け入れてくれる。それを地球・宇宙規模でやってくれるのが神氣です。

簡単に言うと、自分を受け入れてくれる人のそばにいると、安心したり落ち着いたりしますね？　神氣に触れて受けるのは、そんな感じです。

わかりにくいですかね（笑）。


では、神氣によって穢れが祓われる感じを、少し詳しく見てみますと。

穢れというのは、自分の周りにある層（エーテル体と呼ぶ人もいます）が、いろんな人から受けている影響に反応している状態、またはゆがんでしまった状態のことです（次ページ図1のギザギザ）。


たとえば満員電車に乗ると、気持ちが滅入ることがありますよね。

それは周囲にいる人がギザギザ・ビヨビヨしたものを放出しているために、自分の周りの層が影響を受けて、自分も同じようにギザギザしてしまうから。だから精神的に滅入ってしまいます。

自分の周りにある層は、ギザギザに影響されず、「ツルンとしてる」ことが大事です（次ページ図2）。「ツルンとしてる」とは、安定し、落ち着いている状態とでもいいましょうか。すると周囲の影響を受けなくなります。

図１　自分の周りの層がギザギザの状態

もちろん満員電車はうっとうしいですし、乗っている間にギザギザの影響を受けてしまうのはしょうがないんですが、元々の自分の周りの層を意図してツルツルにすることができると、電車を降りたらすぐに電車内の影響が消えて、ギザギザを引きずることなく、普通に過ごせます。

神氣に触れると、このギザギザがツルツルになります。

これが祓われた状態です。

神氣には、自分の周りにあるギザギザ、つまり人から受けている影響に反応している状態、ゆがんでしまった領域を整える効果があるということです。

神氣があふれる神社では、境内を歩くだけで神氣に触れていることになるので、いるだけ・歩くだけで自分の本質につながりやすくなり、エネルギーが整います。

図2　自分の周りの層がツルンとした状態

また神社で受ける「お祓い」は、神氣を感じるようなイベントということにもなります。ただ、その神社がお金儲《かねもう》けに走っていたりしたら、お祓いを受けたら余計に欲得の強いエネルギーを受けて具合が悪くなってしまうかもしれないですけれどもね（笑）。

満員電車を例に挙げましたが、自分の周りの層がギザギザ状態になる原因には、日常の生活の中で蓄積してきているもの（囚われ）がある場合もあります。

自分の周りがギザギザ状態だと、「自分の本質的なエネルギー」が自分に降りてくるのを、ギザギザに止められてしまうんです。

人込みの中に紛れていると自分の考えがまとまりにくいですよね？

一方、一人で静かな時間を持つと、自分の本来の気持ちに気がついたり、考えがまとめやすくなります。

神社の神氣の中でぶらぶらしたり、自分一人の時間を持つような感じで静かにたたずんでいると、ギザギザが外れるので、本質からのエネルギーが自分に流れ込み、良いアイディアが浮かびやすくなったり、自分の本来の方向性が見えてきやすくなったりします。

つまり神氣とは、その人の本質につながるのを手助けしてくれるエネルギーともいえます。

「本質」というのは、自分の本来生きる方向とか、流れのことを指しています。

僕はワークショップや著作の中で「自分の本質につながるための方法」をお伝えすることが多いんですが、僕が普段から「本質」あるいは「本質エネルギー」と呼んでいるものは、「神」と同義です。

「神氣に触れると、自分自身が神になる」と言うと言い方が大仰ですが、その状態に近づくというイメージです。

神という言葉自体、使い方が難しいですが、僕がとらえている神の意味は、自分自身が自分自身の本質につながってこの世界の中で自分の役割を果たして生きている状態のことです。世界を構築する一つの重要なものとなって動くことができるということです。

神氣に触れると、自分の本質に近づくために、なんだかすっきりします。

神氣に触れて穢れを落とすということは、自分の本質に触れるのと同じことです。

神氣に触れると、現実世界での行動というよりは、スピリチュアル的に磨かれていきます。その結果、現実世界で自分の本質に沿った生き方ができるので、だんだんと成功していくというような感じです。

ですから神社というのは本来、お詣りをして自分の願いを叶えてもらうところではなく、自分の本質につながるために、自分に今不必要なものを祓い落すという気持ちで、神氣のあるところに行くのが望ましいと僕は思っています。

定期的に神氣に当たるのもおすすめです。

人氣《じんき》とは

人氣とは、人の集合無意識下に集まる感情落差エネルギーのことです。

要は、人の気です。ただし、人のエネルギーが集まるからといって人氣エネルギーになるかというと、そういうわけでもないんです。あくまで感情の落差で生まれたエネルギーが蓄積し、「そのエネルギーを利用しようとする」人が来る神社に人氣が生まれます。

お願い事というのは、基本的に人の意識なので、人氣の範疇《はんちゅう》です。

お金が欲しい、恋人が欲しい、良い仕事が欲しい、交通事故にあわないようにとか、合格祈願や、健康祈願など、これらは神社でよくするお願い事だと思いますが、こういった願望に対しては、すべてに「成功した」「失敗した」という感情の動き（落差）が生じてそこにエネルギーが発生するので、人氣の範疇に入ります。

神社でお願い事をすると、その時点で、人氣エネルギーを引き寄せ、人氣エネルギーとつながります。

エゴや欲、本質から発していないお願い事は、すべて人氣との〝契約〟とみなされ、自動的に人氣エネルギーとつながります。

鎮魂や慰霊のために建てられた神社、会社の社屋にある分祀《ぶんし》（神霊を分けて他の場所にお祀りすること）されたお稲荷さん、「宝くじが当たる」など人の欲望や願望成就が目的で建てられた神社は、人氣系の神社が多いです。

そのほかの人氣系神社のポイントとしては、元々有名どころじゃなかったのに、「ここの神社にお詣りすると運が良くなります」と紹介されて、その紹介で微妙に有名になったという共通点がある気がします。

神氣と人氣の違いを比較する…エネルギーに触れたときの感覚

神社の境内に行って「ああ、清々しいなあ」という気分を得ているときは神氣系のエネルギーを感じているときです。

「この神社はパワフルだな」とか「きっといいことがあるに違いない」と感じるときは、人氣系の神社か、その神社の人氣エネルギーにつながったときです。

神氣と人氣の違いを比較する…エネルギーの動き

神氣と人氣は、エネルギーの動きが大きく違います（次ページ図3）。

神氣のほうは、上部から、ただただシュワーッと降っています（あくまで、わかりやすくするためのイメージです）。人がこの神氣の領域に入るだけで、自分自身の穢れなどが、はがされていくわけです。気持ちのいいシャワーを浴びている感じですかね。流れていく水の感じです。

水には色がなく、様々なものを溶かし流す性質がありますよね。神氣もそれと同じで、すべてを受け入れるエネルギーなので、穢れなどを溶かし流していく性質があります。後述しますが、神氣には、地球・宇宙規模で見ると、川の流れに似た大きなエネルギールートがあるので、土地ごとの各エリアに神氣の入口と出口のようなものが

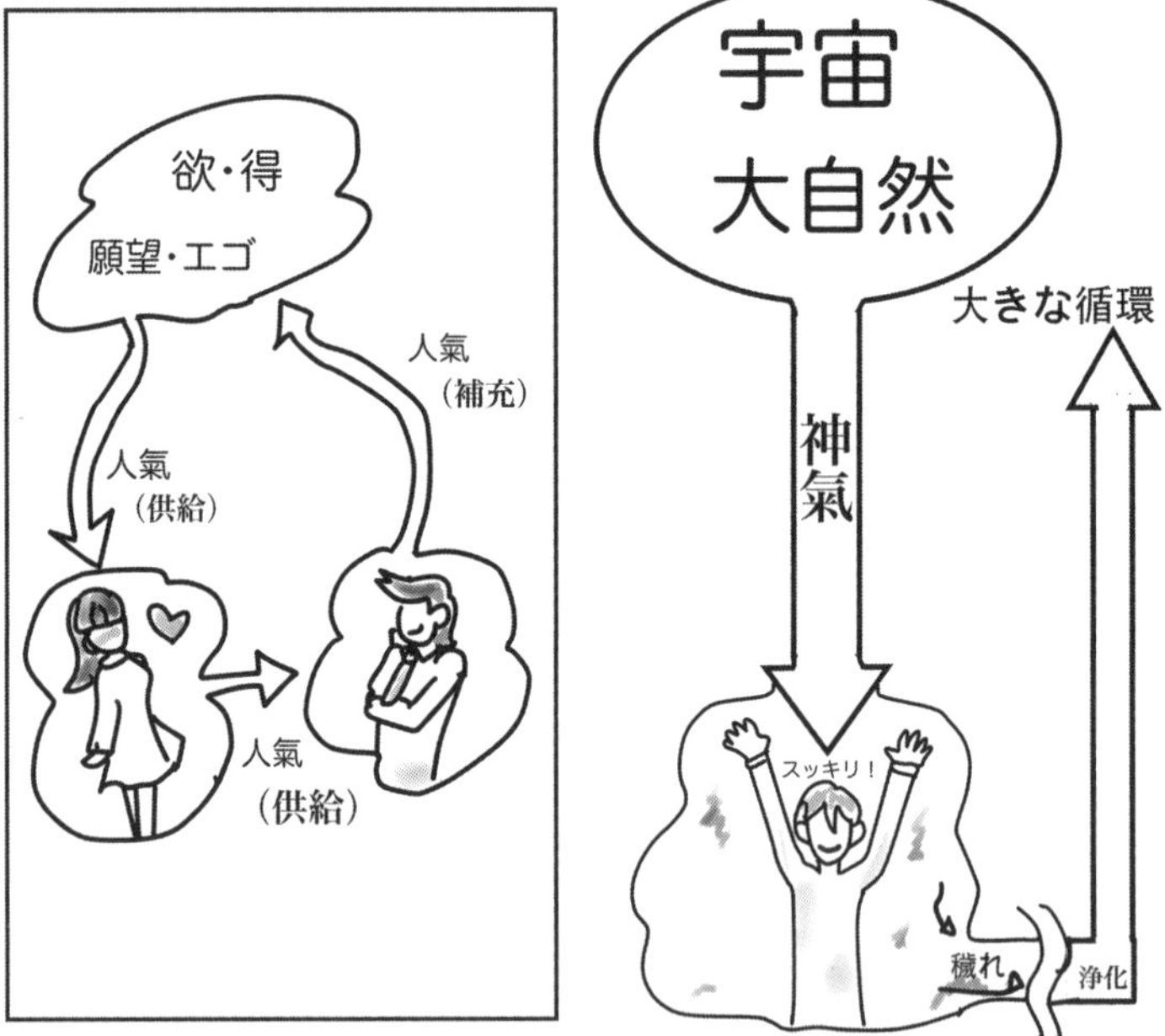

小さな、閉鎖されたエネルギー循環
【人氣】＜閉鎖系＞

宇宙規模の大きな、開放されたエネルギー循環
【神氣】＜開放系＞

図3　神氣と人氣のエネルギーの動きの違い

あります。そして出口には結構な穢れが溜まることが予想されます。

また神氣は、無尽蔵に湧き出でる水のようなエネルギーなので、浴び放題で、返却不要です。

一方、人氣のほうは小規模に循環しています。人氣は、人氣自体でサイクルを持っています。

人氣はいったんつながると、必ず「等価交換」する必要が生まれます。

等価交換とは、もらった分と同等の対価を交換するということです。

たとえば、お願い事をして人氣につながった場合、お願い事が成就するのに必要なエネルギーを人氣から借りたことになるため、借りた分と同等のエネルギーをお返しする必要が出てきます。これが等価交換です。

借りたものは必ず返す。これは決まりごとなので、借りた分は何らかの形で、自動的に回収されます。

前著『人・物・お金の流れは太くなる』の中で「循環が大切」と話しましたが、今の貨幣経済そのものが、人氣で動いているところがあります。ですから成功を収めた人というのは、断然、人氣を使っています。人をたくさん動かしているからです。大会社の社長になってお金を回す人や、人気《にんき》が大切な芸能人などは、人氣《じんき》を活用している人です。

神氣と人氣の違いを比較する…職業スピリチュアリストのタイプ

人氣を好む人が「いいな」と思う場所と、神氣を好む人が「いいな」と思う場所には、明らかに差が出ます。

僕はスピリチュアル業界で仕事をしているわけですが、同じスピリチュアルをやっていても、扱っているエネルギーに人氣系と神氣系の違いを感じます。

スピリチュアルな職業に就いている人で人氣系神社をすすめる人は、どちらかというと経済的にガンガンやっているタイプで、スピリチュアル事業家みたいなタイプです。こういう方は、人氣パワーの入ったグッズを「すごくいい」とすすめて販売されています。またこういう方がすすめる神社は、すべて「人氣系の神社」だったりすることもあります。それから、ネットワークビジネスの手法を活用している方も人氣系が多いです。

一方、一人でやっているとか、できれば人と会いたくないというような感じで、少し引きこもり気味にやるのが好きというようなスピリチュアリストは、どちらかというと神氣系が多いと感じます。僕も神氣系です。だから僕のブログを読んでいる人も、神氣エネルギーが気持ち良いと感じるんじゃないかなと思いますけれどもね。

神氣と人氣の違いを比較する…神社での過ごし方

神社に行って心静かに瞑想するというような人は、神氣エネルギーに浸っています。瞑想しなくても、神社の境内の中をぶらぶらしたり、たたずんでみたりして、そこでの風の動き、木の葉の音、鳥の声などを感じながら心地よさを満喫して、「この神社いいなあ」と思って帰ってくる。そのついでに「自分の人生もより良くなるといいなあ」なんてぼんやり考える、あるいは「そういえば、この神社はお金にご利益があるんだったなあ」と思うぐらいなら、それは神氣の範疇です。

神社で神氣を満喫するようなときは、お詣りするというよりも、ご挨拶という感じです。僕は基本的に、「いいなあ」と思うところにはご挨拶します。ご挨拶ぐらいはしてもいいかなと感じたら、ご挨拶するのもいいですよ。

しかし、そこでお願い事をすると、人氣につながることになります。人氣的なものを活用したいときには、あらかじめ、人氣エネルギーを活用する気持ちでお詣りします（活用方法はパート2参照）。

神氣と人氣の違いを比較する…神氣系神社と人氣系神社

質問者　自然のパワースポットなどがあると思いますが、これは神氣ですか？

まるの日　はい。大抵は神氣です。神社の話をするとよく「その神社の龍が……」という話を聞きますが、龍もまた神氣の話です。

京都市伏見区にある伏見稲荷大社《ふしみいなりたいしゃ》、奈良県桜井市三輪の大神《おおみわ》神社のように、山がご神体になっているところ、その土地のエネルギーがご神体になっているところは、完全に神氣です。

で、そういう神社から分祀した神社がありますよね？　これは人の欲から建てられたわけですから、こちらは人氣の神社が多くなります。違う場合ももちろんありますけどね。

質問者　会社の中に祀ってあるお稲荷さんとかですか？

まるの日　祀った意図によって違う場合もありますが、大概は人氣ですね。その会社の規模によって、分祀に流れる人氣の力が違います。会社内にあるお稲荷さんがとても力を持っていると、その力を回すがゆえに会社が発展することもあります。

知り合いの霊能者に、有名な某芸能事務所やら劇団員が顧客という人がいるんですが、受ける相談内容は、妬《ねた》みなんかの相談が結構あるそうです。収入も僕のはるか上を行く方なのですが。

で、その霊能者さんに「ここはいいですよ」とすすめられた神社が、会社の一角に祀られた神社だったり、某有名な神社でした。両方の神社とも、世の中では「良い神社」というイメージを持たれているところなんですが、僕から見ると、完全に人氣の神社でしたね。なので僕には合わない感じで（笑）。引きこもりの田舎者には人氣の神社はちょっと……苦手ですかね。

それと、過去に人の呪《のろ》いを封じるために作られた神社ってありますよね。某天満宮とか。これは人氣の神社です。こういう神社は、人の気を動かすエネルギーを使うようなことに断然効きます。だから受験生が行くんですよね。受験なんか完全に人間の都合ですから、人氣の神社にお願いすれば効果も高いわけです。

ただし、人氣を利用すると、使ったエネルギーを回収されます。そのために「当たり外れ」が生じます。つまり合格する人もいれば、落ちる人も出ると。どちらも感情的落差が大きいですよね？　感情的落差というのは、感情が大きく上に上がってその後突き落とされる、あるいは大きく下がってまた上がる、その上下動のことです。上下動の動きの中にエネルギーが生まれます。生まれたエネルギーは、願掛けした神社の人氣エネルギー循環に回収されます。

だから人氣を使うと、後からこの感情的落差を引き起こす出来事が続いてしまったりするわけです。

それを「お金」という〝人氣エネルギーの集合体〟で返還することもできますけど

ね。こういう話をすると、なんでも金で解決できるのかって話になるんですけど（笑）。

神氣と人氣の違いを比較する…具体的な神社事例

最近、うちの近所にある熊本県の阿蘇《あそ》神社で、神社のエネルギーが、人氣から神氣に変わったということがありました。

阿蘇神社は、2016年の熊本地震で、拝殿や門などが壊れてしまいました。拝殿が壊れる前は、あきらかに人氣が強かったです。さらに地震の直前は「やたらと人氣を集めているなあ」という感じを受けていました。しかし、地震で拝殿が壊れ、拝殿の奥にあった神殿が丸見えになったとたんに、神氣の満ちる感じになりました。

ついでに今行くと、まだ拝殿が壊れているので、国宝級の神殿が見られるから阿蘇に観光に来ませんかっていう宣伝もしておきます（笑）。今は本当に、すごくいい神氣にあふれている神社になっています。

また、うちの近所にある八坂《やさか》神社という小さな神社は、本当にひっそりとしている

熊本県　阿蘇神社（撮影：まるの日圭　熊本地震前）

熊本県　阿蘇神社（撮影：まるの日圭　熊本地震後の2017年）

んですが、人がいないので人氣《じんき》がないんですね。とても神氣があります。
ただ、人気《ひとけ》がない神社に神氣があるかというと、そうでもないんです。人は来ないけれど、いつも境内が清潔になっていたり、掃き清められている状態が維持されていることも重要ですよ。あえて、人が来ないようにして神氣を保っている神社もあります。そこは神主さんの考え方次第ですね。

明治時代の神仏分離令以降に建てた神社って、結構ありますよね。こういう神社が神氣系・人氣系のどちらなのかというと、どちらかといえば人氣系の神社が多いんですが、人工的に調整されて神氣系になっている神社もあるんですよね。明治神宮もそうです。〇〇神宮というふうに「神宮」という名前がついている場所。北海道にも神宮がありますね。あの辺も調整して頑張って神氣にしているような感じを受けます。

護国神社のように、戦没者を祀るところに足を運ぶと、僕は人氣の強い流れを感じて、あまり心地よい感じはしないのですが。国のために命を落とされた方々を祀る、というのは人氣の流れを作りますからね。それによって鎮魂され、浄化されるところがあるのですが、そこは神氣ではなく人のエネルギーで浄化されるので人氣になります。

そういう経験があったので、僕がびっくりしたのは靖国神社が意外と神氣だったこと。もっともこれは、あくまで個人的観測ですけど。

このように、一見すると「人氣系の神社じゃないか？」と思われるような神社でも、実際足を運んでみると神氣の神社がありますので、なかなか油断できないところです。

僕が今までに行ったことのある神社の数自体は、少ないほうだと思うんですが、その中で人氣が強いなと思った神社は、京都の某安倍のナントカさん関係の神社です。ここはなんとなく人氣しかないという感じです。だから、そこに集まる人のエネルギーを活用するにはいいかなという気がします。

僕の近所にも人氣しかない神社があります。熊本県南阿蘇村《みなみあそむら》にある宝来宝来《ほぎほぎ》神社です。ほぎほぎ、と読みます。ここは、潔いですよ（笑）。開運テーマパークですから。宝くじを持って境内にある石の周りを「ほぎほぎ」と言いながらダンスして一周すると、宝くじが当たると言われています。ちなみに、僕もうちの奥さんと一緒に、誰もいないときに「ほぎほぎ」とやったんですけど、当たりませんでした。でも実際に宝くじに当たっている人はいるみたいで、神社がどんどん拡張しています。

こういうところを利用できる人は利用するのもいいかもしれません。人氣もうまく利用すれば、宝くじが当たったりすることもあります。

で、宝くじが当たったら、この神社の拡張や道路整備に使ってもらえるようお金を返礼としてお渡しすれば、エネルギーの循環が成り立ちますので問題ないですね。外れたら、そのときの悔しい感情エネルギーが、ほかの「当選した」人に使われるだけですから。無駄にはなりませんよ。

ただし人氣は使い方によるところが大きいので、人氣エネルギーの扱いで失敗したくない人は、手を出さないほうがよいかと。

たとえば自分で事業を起こして一発成り上がるんだっていう人は、これぐらいの人氣エネルギーを使ったほうが一気に上がれます。

反対に日常生活を平穏に過ごしたいなという人には、僕は神氣をおすすめします。

なぜかというと、そういう人が人氣にお詣りをすると、人氣エネルギーに負けるので、吸い取られるだけだからです。

自分のエネルギーが吸い取られても、ほかの誰かの成功のために自分のエネルギーが使われているんだという高尚な気分になれる方はそれでもいいんですが、そんな人いますか？　自分の感情エネルギーが誰かの成功のためになるんだなって思いながらお詣りできる人（笑）。そう思えないならやめたほうが無難でしょうかね。

質問者　うちの近所に「この売り場から何億円もの当たりくじが出ました！」っていう宣伝で人気《にんき》の宝くじ販売所があります。ここは神社ではないんですが、人氣《じんき》を集めるという点では同じしくみでしょうか？

まるの日　はい。結局そうやってエネルギーを人氣を集めているわけですから、しくみは同じです。

ちなみに神氣と人氣の違いを「くじ」にたとえてみますと、人氣は、当たりと外れがある宝くじみたいなものです。

神氣は、みんなが当たる町内会のガラガラみたいな感じです。ティッシュから旅行まで当たるものは違えど空くじなしのくじです。

神氣と人氣の違いを比較する…穢れの祓い方

神氣は、触れるだけで穢れが祓われます。

また人氣系の神社でも鎮魂のために建てられた神社では、常に人が祓いを行っているために、祓いの力が強くあります。

どちらでも祓いは成されるわけですが、その人が抱えている「穢れの内容」によって、どちらで祓うかを考えてみるといいかもしれません。

自分から生じる穢れ、たとえば自分が悪いことを思ったり、やったり、自分に嘘をつく、人に嘘をつくなど、自分本来の生き方をしない方向に常に進み続ける場合は、神氣に触れて穢れを祓う。

一方、人間関係にある妬み、恨み、自分が発しているもの、他人から発せられているもの。無意識の間に生じる心の摩擦、違和感から生じる摩擦など、人間同士の意思疎通の間に生じる隙間、摩擦、そんなものから生まれる穢れの場合は、人氣の鎮魂系の祓いが向いているのではないかと感じます。

神氣と人氣の違いを比較する…生き方

基本的に、自分の本質につながって生きていない人が、世の中で摩擦を起こしています。なぜかというと、本質につながっていないと不足感が増えるからです。その不足を埋めようとして、感情的落差を生む出来事を起こして、エネルギーを集めて不足感を埋めようとするんです。

神氣を使うと感情的落差が起きなくなっていくので、人氣を使おうという気持ちもあまり起きなくなっていくと思うんですよね。

人氣を使わなくなると、自分の本質の声に沿った生き方が、なんとなく見えるようになってきます。すると「なんとなく循環いいなぁ」と感じる生活パターンになって、自分自身に合った豊かさが常に循環する形になります。自分自身に合う、身の丈に合う。そんな感じになります。

神氣と人氣の違い　まとめ

　こんな感じで人氣と神氣はエネルギー的に違うわけですが、これまでの話と、この先、本書のパート2、パート3に出てくる神氣と人氣の違いをまとめると、次ページの表のような感じになります。

	人氣・じんき	神氣・しんき
エネルギー源	人の感情落差エネルギーが集まったもの 念、感情落差、お金、願望	自然のエネルギー、自分の本質エネルギー
神社の由来	鎮魂や慰霊、家や社屋に分社されたもの、願望実現など人の欲望を扱うもの	ご神体が山や自然にある岩、山、川、湖、池、湧き水など土地のエネルギー、龍などの伝説
エネルギー供給方法	等価交換・循環 使ったエネルギー分、回収される	上から無尽蔵に降っている（地球・宇宙規模で見ると循環している）、使ったエネルギーの返却は必要ない
エネルギーの働き方	自分の持つエネルギーにプラスされて大きく動く、願い事がすぐ叶うか、失望する	穢れ、囚われを外す 本質につながる
エネルギーの感じ	パワフルになる、いいことありそう！と思う、男性・雄的	清々しい、すっきりする、静かに一人たたずみたくなる、女性的
使うのに向いている人の性質	世渡り上手、コミュニケーション上手	一人が好き、人嫌い、引きこもり
社会にたとえると	これまでの経済社会、資本主義、貨幣経済のしくみ	理念的な社会主義、これから来るであろう未来社会
古代大陸にたとえると	アトランティス	レムリア

Part 2
これは神氣？
それとも人氣？
具体例から知る
神氣と人氣

神社へのお詣りの仕方…

①お賽銭、お願い事と人氣エネルギーのつながり方

質問者　一般にお詣《まい》りをする場合、手順としてお賽銭《さいせん》を入れてから拝殿に手を合わせてお願い事やお詣りをすると思いますが、この場合のお賽銭は何に当てはまりますか？　人氣《じんき》との契約ですか？

まるの日　お願い事のために先に5円お賽銭を入れたとしたら、5円分の契約です（笑）。

質問者　じゃあ、人氣エネルギーから5円分借りて、後から回収として取られるエネルギーは5円程度ということ？

まるの日　まあ、5円程度でしょうか（笑）。

質問者　人氣にお願いしたわけだから、そこに等価交換が働くということですか？

まるの日　そうですね。じゃあ、今度は1万円入れようかって考えちゃいますかね（笑）。

先にお金を入れてお願い事をするのであれば、1万円なら1万円分の等価交換ですが、**お願い事をして人氣につながると、さらに余剰エネルギーが上乗せされる可能性もあります。**

これはそもそも、お願いの仕方が関係します。受験で神頼みする場合、「**自分で頑張った力を発揮するからよろしくお願いします**」という感じでお願いをすれば、人氣ではなく**神氣《しんき》のエネルギーにつながります。**ただし神氣の場合は、そう願っても「お前の場合は受験に落ちることで穢《けが》れが祓《はら》われるのだ」と判断されたら容赦《ようしゃ》なく落とされますけれども。

一方、某天満宮なんかで「**どうしてもあの学校に入りたいので、絶対合格させてください**」なんてお願いをして、**人氣エネルギーにつながって、うっかり実力以上の学校に合格してしまった**とします。そしてお礼詣りに行ったとします。

そのときにケチケチせずにうん十万円、うん百万円を神社に奉納したら人氣のエネルギーはそこでお金とともに回収されるのですが、お礼詣りに行ったものの普通に「お礼だけ」をしたとすると、別の形でエネルギーを動かすことになります。

感謝の気持ちを送ればいいのです、というのは人氣には通用しません。**必ず「払っ**

た分返してもらおうか」という動きをします。

合格した人は、気分的に「やったね〜！」と思っているだろうと思いますが、このように人氣を使って合格し、お礼をしっかりしていない場合、入学してからその学校であんまりいいことがなかったりします。

というのも、人氣を使って自力に上乗せしたエネルギーで合格するということは、たとえるなら偏差値30ぐらいの人が60ぐらいの学校に受かるようなものだからです。人氣から上乗せされた30は、後からしっかり回収されることになります。回収されたときには、エネルギーが引き抜かれるような出来事が起こります。まあ、そのときに頑張れば問題ないですが。

ですから、お詣りをするときには、その神社が神氣系・人氣系のどっちなのかを認識することが大切かと思います。

あるいは、一つの神社に神氣と人氣のどちらもある場合も多いので、**自分がどちらにつながろうとしているのか、目的、用法、用量に気をつけて、意識的につながると**

いいと思います。

神氣、人氣に、良い悪いはないです。どちらも、適度に両方うまく使って、組み合わせていくのもいいですよね。ただ、どちらにも依存したらダメですよ。

「お願いをしたら、神社にお礼を言いに行きましょう」という話をされている人がいます。**神氣であれば**、お礼でもいいのですが、それよりも**自分の本来の生き方を邁進《まいしん》していくことが神氣への恩返し**になります。

しかし、そもそも、お願いした時点で人氣につながるのですから、**人氣を使って願いを叶えた後**に、お礼を言ったくらいじゃ勘弁してくれるわけがありません。その際は、**お金でも持って、きちんとお礼詣りを行うことが必要**です。

神社へのお詣りの仕方…②お祓いと神氣エネルギーのつながり方

質問者　「神社でお願いして穢れを祓ってもらう」というのはどっちですか？

まるの日　それは神社によりますが、基本的には神氣に入ります。

質問者　神氣で大丈夫ですか？　神社でお賽銭を入れて「穢れを祓ってください」と頼むのに？

まるの日　「穢れを払ってください」というよりも、「自分の本質に近い生き方がしたいので、手伝ってください」とか、そんな感じでいいと思いますよ。お賽銭を入れても、このような願いは神氣側なので、その人に応じて穢れが取れていきます。

質問者　お賽銭は入れないほうがいいということですか？

まるの日　いや、別に入れても問題ないです。お賽銭を入れるときは、神社の拝殿などの修復や改築ために使ってもらうイメージで。そしてお詣りするときは、自分の本質を生きるので手伝ってくださいというイメージで。

質問者　お賽銭っていくらでもいいんですか？

まるの日　いくらでもいいです。まあ、やっぱり少し多めに入れてあげたほうが、神社関係者が喜ぶとは思いますね。

質問者　改築のためのお金って言ったら神様が喜ぶっていうことですか？

まるの日　神様は特に喜びませんが、神主さんや宮司さんも含め「自分と関わる皆が喜ぶようなお金の使い方」なら神様は喜ぶと思いますよ。

神社へのお詣りの仕方…③お礼詣り

質問者　お礼詣りで神社にお詣りをするときは、その神社にある人氣につながるのでしょうか？

まるの日　お礼詣りは基本的にすべて人氣だと思っています。というのも、そもそも「契約しているから返礼しないといけない」わけですよね？

神氣の場合は、元々返礼する必要がないです。

だから「これを叶えてもらったからお礼をします」というのは、神社相手だと良いことのように思われますけども、実は、悪魔との契約と一緒です。お返しをするから何かするという。相手が神様になると、急にありがたいような雰囲気になりますけれども、それは神社という場所だからであって、その行為が人氣につながるのは一緒です。

質問者　あれ？　わかんなくなってきちゃった（笑）。たとえば弁天様とか神様と仲良くなりたいな、ぐらいの気持ちで御札《おふだ》を買ったり、お詣りをするのは、どっちになりますか？

まるの日　仲良くなりたいなぐらいだったら神氣でしょうか。そして仲良くなれたお礼ぐらいだとまだ神氣の範囲でしょうか。

最初に御札を買う時点、あるいは最初から「後でお礼をいたしますので〇〇を良くしてください」とストレートに言ったとしたら、それは契約をしたことと同じになります。**契約というのは神氣とは結べないんです。人氣としか結べないんです。**

質問者　よく神社の礼儀として、御祈禱《ごきとう》を受けたらちゃんとお礼詣りに行くという決まりみたいなものがありますよね？

まるの日　それは神社の都合です。神社というのは明治時代以降、ちょっとゆがんだと思ってください。有名神社の神主には、どこかの有名大学を出た人しかなれないと僕の知り合いがぼやいてました。

なぜこんなことを言うかというと、**神社というのは、本来「ない」ものだから。神主も拝殿も祠《ほこら》も、本来ないんです。地域の人たちで細々と守ってきた、その土地のエネルギー。これが本来の神社だと思います。**

それを言うと、すべての神社は、本来の神社ではないという話になりますけど（笑）。

それと、神社で祈りを行うために形が必要ということもあるかと思います。形が必要になると、それを外に見せるためにも体裁を整えないといけなくなって。とまあ、ある程度の形が必要になるのはしかたがないところです。

さすがに大きな神社になると組織化しないといけない部分もあると思うので、公務員的な組織になるのもしょうがないと思うんですが、やっぱりどの宗教でも国家宗教になってしまうとゆがみが出てしまう。そしてそのゆがみを持ったまま今に至っているような気がします。ただ、今の神社を否定するわけではないです。神社で行われている手法や手順も、ある程度は必要なので。

自分がお詣りをする際に、無意識的に、不必要に人氣につながらないようにするためには、少し心構えが必要だっていうことですね。

御札とエネルギールート

まるの日　神社に売っている御札《おふだ》を買って、家にその御札を飾ると、神社と飾った場所にエネルギールートができます。

ある神社の神氣が気に入って、「この神氣エネルギーを我が家にお迎えしたいな」と思ったとしますね。たとえば伊勢神宮とか。そして御札を買って神棚に置くと、伊勢神宮から流れてくる神氣が我が家に迎えられます。すると家にいながら伊勢神宮のエネルギーを感じて、穢れが落とされる、みたいになります。

一方、「お願い事をするといかにもお金が儲かりそうだな」と感じる神社があるとします。そこで買ってきた御札をお金儲け目的で家に飾ったとしたら、その神社の人氣エネルギーにつながってルートができます。うまくいけば、その神社に集まっている人氣エネルギーを使えるんですけれども、うまくいかなければ全部吸い上げられます。そしてむしろ余計にうまくいかないようなことが起こったりします。

人氣の御札で要注意なのは、エネルギーがもらえるだけではなく、自分のエネルギーが人氣神社に取られるということです。

そうなると、皆さん御札を買うのを控えようかなという気になるかもしれないんですけれども、神社で何がなんでも御札を買えばいいってもんでもないということをお伝えしたいんですね。

もっとも、神氣も人氣も、そんなことは一切気にしない、そういう概念がない海外の人や、宗教が違う人が、お土産やファッションで購入する分には問題ないとも思ってますがね。

物事に加速を得るため、自分が上に上がる前にちょっと力が欲しいなというときに人氣を使うのはいいですよね。神社に詣でて人氣を使おうかなと考えるときには、札《さつ》束《たば》を入れるのもあれなので（笑）、1万円札ぐらいをそっとお賽銭として入れて、1万円分のエネルギーをいただこうかなという等価交換の方法でいいのではないかと思います。また「御札の金額の分だけエネルギーをいただく」というような言い回しで、先に契約を限定しておくのもいいと思います。

ゲームの課金みたいなもんですかね。「今日の上限は5000円」みたいな。

質問者　その金額で等価交換が終わるということですか？

まるの日　そうです。仮に5000円なら5000円です。でもまあ、5000円分の人氣エネルギーってどれぐらいなのかっていうとですね……。そうですね、5000円分という金額分の満足度って何かなって想像してみてください。それぐらいの満足度を得られるものと同等のものが来ると思ってください。5000円の金額の物ではなく、自分が5000円で満足する状態を想像してみてください。

僕の場合だと、今履いているこの靴は、定価1万2000円のものを2999円で買ったんですが、5000円以内で1万円以上の満足感を得られましたよね。満足度というのはそんな感覚です。

御札同士がケンカする現象とは？

まるの日　御札を集める趣味の人というのも、たまにいらっしゃいますよね。そういう方に「いろいろな御札を1カ所に飾ると、御札同士がケンカする」なんて聞くことがあるんですが、それは人氣エネルギーを使っている御札だからです。**人氣系の御札**

同士はケンカになります。暴走族のナワバリ争いと同じです。

神氣エネルギーの御札はケンカにはならないです。神様のエネルギーをお迎えするという気持ちで御札を買うのは神氣エネルギーの活用にあたると思います。同じ御札でも神氣を感じるものを三つ四つ置かれている方の神棚は神氣に満ちた神棚です。今日は出雲大社、今日は伊勢神宮、みたいな感じで、日によって、来るエネルギーが変わってきたりします。そういう楽しみ方もあります。

神氣を感じにくいときにはどうすればよい？

質問者　神氣を感じにくいです。先ほど「神氣の神社にいるとサッパリする」とお話がありましたが、自分では、そういう感覚がなかなかわかりません。

一度、伊勢神宮の外宮《げくう》に行ったとき、「このエリアから何かが違う」と感じたことはあったんですが、ほかでは全然わかりません。

まるの日　伊勢神宮ではハイレベルな神氣に当たったのでわかったけれども、逆にそこで「このレベルじゃないと神氣じゃない」と思い込んでしまったら、感じにくくな

ります よ。

たとえば170センチ以上の身長がないと男じゃないと思っている人は、160センチの男性と会っても男性だとは思わないですよね？　それと同じで、一度レベルの高い神氣を感じてそれをいいなと思ってしまうと、ほかの神氣を感じにくくなります。

ですが、別にわざわざ神氣を感じようとしなくても、伊勢神宮の神氣がいいと思ったのであれば、それでいいと思いますよ。

質問者　そのときには、御札をもらって帰ろうという気も起こらず、何も持って帰らなかったんです。そして、ほかにはもう何もいらないという気持ちになりました。

まるの日　それでいいと思いますよ。それぐらい感じたときは、十分に神氣を浴びてきた状態じゃないでしょうか。

僕も神社に行って、その辺りを歩いているだけで、すごくいいな、満足したなという気分になるときには、高い神氣を浴びたんだなと感じますし、満足しますね。

むしろ帰りに何か買って帰ろうと感じたときは、神氣に十分当たっていない状態か、人氣に当たった場合でしょうか（笑）。

お守りについて

まるの日　交通安全のお守りも、ある種の〝契約〟で、お守りを買って交通関係を守ってもらおうとするのであれば、お守りの金額を先に払って契約している感じですよね。だからお守りの分、働いてくれる。

ただ、自分の交通事故を起こすエネルギーが、お守りの守護範囲以上だったら、事故を起こすかもわからないですよね。

質問者　誰かからお守りをもらうということは、もしかしたらお守りをくださった方が、神社の人氣エネルギーに使われているっていうことはないんですか？

まるの日　ない話ではないです。ただ、それが人氣から来ているのか、神氣から来ているのかは、人それぞれです。お守りをくれた人がどういう素性で、どのように行動しているのかによります。そこから人氣を感じる場合もありますし、あふれ出る神氣を感じる場合だってあります。

もっとも、おっしゃる通りに人氣に操られている人が多いとは思いますね。そして一様に「お守りをもらってきてあげましたよ」とおっしゃいます。こういう場合は、自分がそのお守りをいただくときに、ありがたくいただく時点で、もらってくれた人に対するエネルギー分は返っていると思います。ただし、いただいたお守りそのもののエネルギー分をどうするかという問題は残ります。どうするのかは、もらった人次第になります。

僕が基本的にお守りを買っている人たちを見て思うことは「不安を感じているから買っている」ということです。交通事故にあわないように。家内安全になるように。その思いの根本が不安から来たものは、いずれにしても人氣につながります。

質問者　違う質問なんですが、自分が気に入って買ったお守りで、そのお守りの紐《ひも》が切れることがありますよね？

まるの日　たまにありますね。

質問者　そういうときって、よく言われるように「厄祓い」にあたるんでしょうか？

まるの日　身代わりになってくれたと考えて、素直に手放したほうがいいでしょうね。

質問者　そういうこともある？

まるの日　はい。500円で購入した交通安全のお守りを持っていたとしますよね？　それが500円分の働きをしてくれたときに、そのお守りが切れたりすることがあります。買った神社に持っていって、新しく買い直すのもいいと思いますよ。

人氣エネルギーとの契約を解約したいが……

質問者　間違って人氣と契約を結んでしまいました。その場合、違約金なしに契約を破棄することは可能なのでしょうか？

まるの日　その分は、支払わないとダメですね。

質問者　じゃあ、違約金はどのような形であれ……。

まるの日　取られます。人氣は確実に回収する借金取りみたいな感じです。

質問者　お金というかエネルギーを。

まるの日　そうですね。お金か感情エネルギーの形で。

無意識に人氣と契約を結んでいる場合

質問者　日光東照宮を観光しているときに、歯が痛くなって歯医者を探していたんですが、お詣りしたときに歯の痛みがすっと取れて、その後すぐに歯医者が見つかったんです。その場合というのは神氣ですか？

まるの日　人氣ですね。家康さんのエネルギーでしょうか（笑）。

質問者　でも、なんとかしてもらおうとか、痛みを祓ってもらう気も何もなかったんですよ。観光気分でした。

まるの日　でも、必死でこの痛みをなんとかしたいという気持ちはあったと思うんですが。

質問者　あ、はい。ありました。

まるの日　そうすると、気のいい家康さんが、ちょっと手助けしてやろうというので人氣エネルギーを貸してくれたんじゃないでしょうか。人からなんとかしてほしいと思っていなくても、この痛みをなんとかしたいという念は強かったと思いますから、人氣を引き寄せたんじゃないでしょうか。

質問者　じゃあ、自分で契約したつもりはなくても、元から強く念じている場合は、知らない間に契約してしまうこともある？

まるの日　そうですね。よく漫画なんかで「クッソー！」と強く思ったときに悪魔がやってきてそそのかす、というシーンがありますが、そういうのとちょっと近いですかね。

質問者　じゃあ、この場合は無意識的にうまく人氣を使ってしまっていたということになるんでしょうか？

まるの日　そうですね。うまく使えていた。その程度だったら、痛みで苦しんだ感情落差エネルギーで支払いも済んでいますしね。

お守り、御札、神棚、お祓い、一切不要?!　な著者の理由

まるの日　ちなみに僕は、お守り類は一切身に着けないです。家には神棚もないです。御札や神社からもらうものも、一切合切受け取らないようにしているし、うっかり受

け取ってしまったら、こっそり神社の古神札納め箱の中に返します。

だから、僕にこの神社のお守りですって渡されても、そのときは「ありがとうございます」ってもらいますけど、後でそうなってるってことです（笑）。

うちの妻の実家のお母さんは、昔よく御札をくれたんですが、妻が全部断りだしたので、今は一切もらわなくなりました。

なぜここまでするのかというと、「人氣の流れ」があることを知っているからです。人氣の中に入っている物をもらうと、御札やお守りをくれた人が善意であっても、僕が対価としてのエネルギーを支払わないといけないというふうになるんです。

それと、お祓いも、大人になってから一度も受けたことがないです。一度ぐらい受けるとネタになるかなとも思いますけれどもね。ただし家を建てるための地鎮祭を受けたことはあります。というのも、地鎮祭をやらないと大工さんが嫌がって工事をしてくれないので。大工さんはそういうことを非常に大切にされますからね。まあ地鎮祭はやったんですが、御札類は一切いりませんと断りました。意外と徹底してます（笑）。

僕の家は、棟上げの日が仏滅だったので、大工さんたちもいろいろと工夫されていましたね。建て主は全然気にしてないのですがね。僕はこういう業界にいるので「仏滅って適当に決めただけでしょ」って思ってます。ただし、それを気にする人がいるということなら、それはやっぱり大切にしなきゃいけないですからね。

まあ、うちで御札などを買わない理由にはもう一つあって、それは猫を飼っているからですね（2018年現在、19匹飼っている）。たとえば神棚を作って御札を飾っても、気がついたら猫が叩き落としていると思いますし（笑）。せっかく神氣をいただこうとして飾っているのに、逆に罰が当たりそうで、そこがちょっとやるせないので。全部猫のせいです（笑）。うちで娘のお雛様を飾れないのも猫のせいですから。娘はもう中学生ですが、雛飾りは娘が生まれてから一回しか飾ってないんです。

神社の人氣を使った事例1

質問者　勤めている会社に、この度、親会社ができたんです。その親会社に行ってみたところ、各部屋に神棚と御札が祀ってあって「これは○○神社※からもらってきた」と言われたんです。※プライバシーに関わるため名前は伏せています。

まるの日　多分その神社ですと、ご神体は神氣のエネルギーなので、そのまま分《わ》け御《み》霊《たま》として祀っているのであれば、神氣の入り口が各部屋にあるということになります。
しかしここで、やましい気持ちを持って「祀った分、経営が安定しますように」となると、神棚から流れるエネルギーは人氣になる場合もありますね。
質問者　それは、社長の心によるんでしょうか？
まるの日　その御札をもらってきた方の「買ったときの気持ち」になります。
質問者　じゃあ、誰にもわからないですね。
まるの日　そこは、なんとなく雰囲気で感じてみてください。神棚の周りが清々しいなあとか、まるでその神社に行ったときのような気分になったとか、そういうときは神氣ですよ。さらにその神社のご神体が山ですと、女性のような雰囲気の場合もあります。
一方、人氣は雄っぽいので、雄っぽいなと思ったら人氣かもしれないですね。
質問者　なるほど。神棚からは雄っぽさを感じるので人氣ですね。とすると、子会社は親会社にどんどんと吸い取られちゃうっていうことになるんでしょうか？
まるの日　まあ、その循環の中に入ってしまって、感情の揺さぶりや、実際にお金を流すことによって穢れを祓うことが起こる可能性はありますね。

質問者　こういう場合、毎年社員の誰かが御札をもらってくることになると思うんですが、そういう場合の人選は慎重に行ったほうがいいということになるでしょうか？

まるの日　まあ、そうですね。もらってくる人がどう考えているのかによりますから。

たとえば、知り合いが、僕が事故にあった後にお守りを持ってくるときには、不安から買ってきているわけです。そういう場合は、いらないという話になります。いや、実際目の前に持ってこられたら「ありがとうございます」と言って受け取りますよ。その気持ちは受け取りますが、お守りは近所の神社へ持っていくことになるでしょう。

ところがここの空気が良かったよ、あなたの部屋にもどうぞという、素晴らしい気持ちをあなたにもお分けしますという感覚なら全然ＯＫです。もらって、猫に落とされないところに飾ります。

神社の人氣を使った事例2

まるの日　人氣エネルギーを使っている神社と契約をすると、何が起こるのか？

これはブログにも書いたことがあるんですが、こういう話は具体的なほうがわかりやすいので、事例として話しますね。

お名前や細かいところは変えたり伏せたりしていますが、実話です。

A男さんとC子さんは二人で暮らしていました。

彼らはスピリチュアルなセミナーなどにもよく一緒に行っていたので「ゆくゆくはスピリチュアルな仕事を自宅で一緒にできたらいいね」という話になりました。

そこでA男さんは「東京に仕事場を兼ねた一軒家を借りたい」という願望を持ちました。この願いを叶えるため、A男さんは、神社にお詣りをはじめました。いろいろな神社を回ったそうです。その中のお稲荷さん系Z神社にお詣りをしたときに、自分のエネルギーと合っていると思い、そこで契約を取り交わすことにしたそうです。

「お願いを叶えていただく代わりに、今の家の庭に分祀します」と。

ちなみに、Z神社は神氣と人氣の両方がある神社でしたが、A男さんがつながったのは人氣でした。

A男さんは、契約通り、庭に御狐様をお迎えすることをしました。A男さんはこういう知識に詳しいので、家までエネルギーがちゃんと流れてきたそうです。そして契約を結んでから一軒家を探しはじめたA男さんC子さんは、都内にかなり立派な一軒家を借りることができました。

さて、このように契約を結んで叶えてもらったということは、人氣を使った契約をしたということになります。人氣を使った場合、自分に流れてきたエネルギーと同じ分だけ、元のZ神社にエネルギーを返さないといけません。

ところがA男さんは、なかなか自分で仕事をはじめず、無職のままで、自分のエネルギー循環を行いませんでした。ですから、エネルギーの不足が起こってきます。

もしA男さんが仕事をしていたら、あるいは周囲の人にZ神社の話をしていたら、それだけで、エネルギーを循環させているということになります。

たとえば僕みたいな仕事の仕方をしたら、Z神社のことをブログに書けば情報として周囲に出ますから、それを見た人がZ神社を知ったり、あるいは実際に行くことで、Z神社へのエネルギー循環が起こります。

もしくは自分で本を書いて、「あそこにお詣りをすると家が手に入った」とか「神社の正しいお詣りの仕方」という具合に情報を発信すると、Z神社が有名になったり、人が訪れたりして、Z神社にエネルギーが流れてエネルギーが集まってくるわけです。

そんな中、A男さんは、僕のところにワークショップを受けに来ました。A男さんの目的は、A男さんの家で僕のワークショップを開くことでした。その話を受けて、僕は会場となるA男さんの家に見に行きました。そのお家は3階建てで、1階が広めのフロアになっていてセミナーができるという、なかなかいいところでした。

しかし、ここで僕のガイドの介入だと思うんですが、A男さん主催のワークショップの話が、なんとなくうまくいかなくなったんですね。

そしてA男さんのエネルギーの流れはさらに悪くなって、エネルギーはどんどん不足していきます。

すると今度は、そのエネルギー不足を補うために、A男さんに対して感情的落差を引き起こす出来事が近づいてくるようになります。こうして引き起こされた悲しみや怒りが、今度は内縁の妻C子さんに向かいます。するとC子さんのほうで、感情を動かされるようなことが起こります。がっかりしたり、やったね！となったり、感情の起伏が大きくなります。つまり家庭内でエネルギーをぐるぐる回すということが起こります。後日聞いたところでは、A男さんの行動はC子さんへのDVに発展してしまったようです。多分、ここで発生したエネルギーがZ神社に回収されているんです。耐えられなくなったC子さんは、シェルターに逃げました。C子さんにとっては、シェルターに逃げたという選択は良かったです。逃げたことで、Z神社の人氣エネルギー循環から切り離されたからです。

神社の人氣エネルギーには、大抵「循環領域」が設定されています。神社ごとに、その神社のエネルギー領域がすでに構築されているということです。これは、大体どこの神社に行ってもあります。だから、エネルギー領域から離れると、人氣エネルギー循環から外れることができるんです。

「循環領域」は精神的・スピリチュアル的なもので、A男さんとのつながり（内縁関係）を切ったC子さんには、影響がなくなります。

C子さんがいなくなると、Z神社から借りたエネルギーはA男さん一人でまかなっていくしかないので、A男さんには、感情の落差が激しくなるようなことがどんどん起こっていったようです。

当時、A男さんからは、僕のところに毎日毎日電話がかかってきていました。内容は「お金がないので、あれを質に出しました」とか、そういう報告です。しかもA男さんは当時、携帯電話を持っていなくて、公衆電話からかけてきていました。電話代だけでも結構かかりますよね。僕の携帯に電話していたのですから。

A男さんの話に不自然なところを感じた僕は、たまたまC子さんのメールアドレスを知っていたのでC子さんに連絡を取ったところ、DVに至った話を知ったわけです。さらにC子さんは、荷物を取りに、一度一軒家に戻るという話をしていました。

一方、A男さんは庭の分祀に向かって毎日瞑想によるお詣りを続けていました。その瞑想中に「C子さんが帰ってくる」というお告げを受けました。

僕はそれを聞いた時点で、やっぱりスピリチュアルはすごいなあと思いましたけどね（笑）。必死に聞けば答えが返ってくるわけですから。ただし、帰ってくるの意味はちょっと違うんだけどなあと思いながら。

結局、C子さんが無事に荷物を取りに行った以降、A男さんの消息はわかりません。連絡手段もありませんでしたしね。

顛末《てんまつ》がホラーのようですが、彼のその後の行方は、誰も知りません。

これが、人氣につながって何かを成就させようとするときの、危険な側面です。人氣を使うと、こうなる場合があるということ。自分自身でエネルギーの循環ができない人は、何かの形で必ず帳尻を合わされるんです。これは、神社だろうが悪魔の契約だろうが一緒です。

もちろん、うまくやっている人もいて、うまい方は経営者として成立しています。

A男さんの失敗の原因の一つは、A男さんがちゃんと仕事をしなかったこと。スピリチュアルなところに意識が広いのであれば、そっち方面に何か活動を起こすべきだったんですね。自分ができる仕事を何かしら見つけて、やる。それをやれば、こんな流れにはならなかったんじゃないかなと思います。

だから、人氣を使う人は、自分と自分に関わる多くの人たちに向けて、望んだことを本気でやるんだというぐらいの行動力とパワフルなエネルギーと、人氣エネルギー回収で起こってくることを制御する力がないと難しいです。

というわけで、僕が最初から人氣をあてにしていないのは、こういう理由からです。

悪い実例を、リアルタイムで見せられてしまっていますもので。

神社の人氣を使った事例3

質問者　これは人氣エネルギーを回収されている事例なのかをお聞きしたいんです。私の親類の話なんですが、とある神社に通っています。ほかのものは信じないのに「そこに行くと力をもらえる」と言って、かなり長く通っているんです。でも私から見ると、通っているにもかかわらず本人がパニック障害になったりと、等価交換の形でエネルギーが取られているように見えます。これが人氣に吸い取られているということでしょうか？

まるの日　はい。言い方は悪いのですが、結局ネットワークビジネスと同じです。

質問者　そうですよね。本人はこの神社に依存してるように見えます。以前から私は、本人の体調の悪さはエネルギーの等価交換として、神社から吸い取られているんじゃないかと思っていたんです。

まるの日　それはあると思います。ネットワークビジネスの話にたとえますと、自分のポジションが、親から2番目だとします。自分の下にも子がたくさんいる。このポジションにいると、最初はうまくいきます。ところが、ねずみ講と一緒で、途中で行き詰まります。すると、それ以上、入ってくるエネルギーが増えなくなるので、自らエネルギーを生み出すような感情的な落差を引き起こす出来事がどんどんと起こります。揺さぶられていくようなことが起こって回収されていくといいますか。

宗教団体に入るとネットワークビジネスと同じような感情エネルギーの動きが起こることがたまにありますね。最初はいいんですが、子会員、孫会員が集められなくなっていくと、その分自分のお金やエネルギーを持ち出ししているのと同じ状況になるということです。

質問者　その神社では、人をたくさん集めなくてはいけないということはないんですが、とにかくお金をいっぱい出さなくてはならないそうです。

まるの日　お金もエネルギーの形なので、その形でも回収されているようですね。

今の宗教団体というのはネットワークビジネス的なしくみで動いているところが多いので、本人が気づくまで、この循環システムに、はまっていってしまいますよね。

そしてこのしくみに気がつくまでは、その輪から外れにくくなります。よほどのことがないと、お金やらエネルギーやら、いろいろと持ち出さなくてはならなくなります。自分の分の持ち出しだけならいいんですが、他の人を巻き込まなくてはならなくなっていくのが、きついところですよね。

質問者　当事者は私の親戚ですが、こういう場合、自分が関わらなければ、人氣エネルギーの回収が、私や自分の子や孫に及ぶということはないですか？

まるの日　一つの考え方としては、自分がこの件で感じた残念な気持ちをエネルギーとして貯めておいて、自分の子や孫に使わせるという手もあります。そして、この一件で自分が感じてきた「がっかりだなあ」という気持ちを、エネルギーとして回収する方法もあります。

ただし、一番いいのは、その循環から離れることです。先ほどC子さんの話でも「逃げた」とお伝えしましたが、基本的に、循環から離れるとエネルギー的にも離れます。だから、物理的に精神的に、距離を取るということが必要なこともあります。

全部の宗教がそうだというわけではないですが、このしくみで動いているところが多いという話です。

これだけ見ると宗教が悪く見えてしまいますけれども、こういうことがあるので注意しましょうという話です。ネットワークビジネス的エネルギー回収は、世の中にいっぱいあるんだということです。

仏教・密教と神氣と人氣

質問者　「ペットボトルに薬師如来《やくしにょらい》の真言を唱えて飲むと体にいい」という話を聞いたことがあるんですが、この場合は神氣と人氣のどちらにあたりますか？

まるの日　薬師如来の設定自体が人氣になります。仏教のいろんな神様や真言は、設定自体が人氣です。集合無意識に、連綿と受け継がれてきた薬師如来意識のようなものがあって、そこにつながります。だから効きはいいんですが、効かない人もいる。

質問者　じゃあ、○○大師なんかは？

まるの日　基本的に、密教系は人氣です。

質問者　ヨーロッパの教会はどうなりますか？　偶像崇拝だから……。

まるの日　イエス・キリスト自体は神氣ですが、キリストを祭ったりするのは人氣になりますね。だから宗教改革が起こったんだと思います。

質問者　観光しているときにたまたま、仏教系のお寺で、頭痛やボケ防止にいいというお寺があったので、頭痛が取れるといいなという気持ちで入ったんです。でも、お詣りする前になぜか満足してしまって、景色がきれいだなと思っただけで帰ってきてしまったんです。そのときに「まあ、いっか」と感じて帰ってきてしまったのは、それが神氣系の場所ではなかったからでしょうか。

まるの日　お寺は、多くは人氣系ですが、神氣系のところもあります。また、祈りを毎日行うことで穢れた人氣が神氣に浄化されることも起こります。でもその中で「景色がきれいだな」というのは神氣系の動きなので、その中で神氣につながって帰ってきたということになるでしょうかね。

質問者　般若心経は、神氣と人氣のどちらになりますか？

まるの日　**般若心経は経典なので、それ自体はエネルギーを集めるものではない**と思いますよ。「般若心経を唱えていいことがある」という本を書いた人のところに人氣エネルギーが集まる形になりますかね。

質問者　でも、般若心経を写経すると祓われるという話は、結構、聞きますけれども？

まるの日　あれは単に、集中しているからです。**集中したら自分の本質エネルギーに強くつながるので、自分の穢れはどんどん外れていくんです。**別に、つまようじを立てることでも、トランプでピラミッドを作るのでも同じことです。

質問者　集中すると穢れが外れるという現象が起こるということですか？

まるの日　そうですね。般若心経を本気で信じている人がいたら、それはそれで穢れが外れるとは思うんですが、メインになるのは集中です。集中すると外れます。

だから、外科医は呪われないという話をよくするんですが。手術のときには集中しますよね？　だから手術される側が治ろうが治るまいが、医者に憑《と》りつくってことは起こらない。本来、お医者さんって、いろんな念が飛んできて、すごく呪われる感じがしませんか？　でも自分の仕事に集中しているために、念をはじく。それはつまり、自分の本質につながって仕事をしているので、いい医者だということでもあります。

以前、神氣と人氣の医者の見分け方というのを人に聞いたことがあるんですが、神氣と人氣の両方をうまく使っていない人は、50代ぐらいで亡くなるそうです。お医者さんで早く亡くなる方は、自分の本質につながらずに仕事をしている。
一方、70代ぐらいでも元気にやられている方は、自分の本質に沿ってやっていると聞いたので、この見分け方を参考にしています。あくまで、そういう見方もあるという話ですけどね。

質問者 お年寄りのお医者さんの方がいいってことですか？

まるの日 そうとも限らないですよね。腕の良し悪しは別です。その人の本質につながっていても、やぶ医者はやぶです（笑）。

逆に傍《はた》から見て「あいつはひどいやつだ」と言われていても、自分の本質につながっていることもあるんですよ。周りの人が、本質につながったその人の、あまりのつながりっぷりについていけずに、反発や摩擦が起こることもありますから。
だから、たまにビル・ゲイツやスティーブ・ジョブズなんかの話をするんですが、こういう成功者たちは、周りの人に恨まれたりもすると思いますね。でも、本人からすると本質にはつながっている。
ただしここで、ジョブズが早く亡くなって、ゲイツが長生きをしているのはなぜかを考えてみるのは面白いと思います。なぜなら、それが人氣と神氣のバランスで分かれているからです。やっぱり、人氣を操って流れが滞ると、その分回収が起こりますからね。

その辺は、イエスとブッダの違いというたとえ話もよくします。ブッダのほうが長生きしましたよね。イエスのほうが人氣を集める土地に生まれたということもあります。原罪を背負ってなど、いろいろと言われていますけれども、簡単に言うと、イエスのほうは、周りの人が動かし続けた人氣の〝とばっちり〟を受けた感じになります。イエス自体は本質につながって動いていたはずなんですが。

本質と穢れとブロック

質問者　本質につながることは、人間の本来の目的なんだろうと思うんですが、実際には、人には本質につながらなくなってしまう「ブロック（囚われ）」があるじゃないですか？　それは今生《こんじょう》、自力で地道に外していくしかないんでしょうか。

まるの日　ブロック・囚われは、一つのゲームのルールだと思ってあきらめるしかないですね。それを外していくのが自分の今の流れなのだと思えば、外していけばいいと思います。で、そのブロックを持ちながら生きていく人生もまた楽しいかもしれないと、ブロックをあえて楽しみに変える方法もあります。

質問者　じゃあ、ブロックを外す方向に自分の流れがあると感じたら、外していくのが良いということでしょうか？

まるの日　そうですね。僕の場合は、ガイドからの強制介入でブロックを外されるような出来事がわんさかあります。もっとも、こういう業界に足を突っ込むと、必然的にこういう生き方になるでしょうかね（笑）。

最初は、何でもゆるやかなんですね。ところが、ある一線を越えると、つまり向こうからの介入やつながりが強くなればなるほど、（ブロックを外すために）劇的な状況に陥りやすくなります。もう逃げられないようにしたあげくに、ドーンと来るというような（笑）。

こういう話をすると「スピリチュアル怖ぇ〜」となりそうですけど、そういう人は山ほどいます。大変ですよねって、自分のことを棚に上げますけど（笑）。

慣れてくると、また来たなっていう感じですよ。前なら絶対に凹《へこ》んでたなっていうことも、「来た来た」みたいになる。そして、それが起こる前に気づきます。それに気づけるようになるまでは、何回か練習させられます。

多分、皆さんの人生でも経験があると思うんですが、同じパターンが何回か来ることがありますよね？　それがそうです。単に、気づかないからもう一回来ている。そこで気づくようになると、手前で気づいて避けられるようになる。これは自転車と同じで、どうしても回数をこなさないと慣れていかないところがあるので、その分練習と思ってあきらめるのが一つですよね。

もっとも、これがガイドの援助や導きであれば、その後、必ず良いことが続きます。だから、大変な状況のまま終わるわけではないですよ。

そして、そのときに人氣、つまり人の気を使ったほうが良ければ、そういう導きが来ます。だから人氣を使うのが全部悪いわけじゃないですよ。自分の流れに沿って現れるのであれば全部活用していくというのが基本ですね。

たとえば人気者《にんきもの》っていうのは、人の気を集められる人たちです。メディア等に出ている人は、人の気、つまり人氣《じんき》を扱っています。

本人が自分の本質につながっていないまま人氣《じんき》を扱っている人は、ある日突然、人気《にんき》が落ちます。落ちた分だけ、実は人氣《じんき》でかさ上げされていたってことです。でも常に自分を鍛錬して自分自身に対してきっちりやっている人は、人氣《じんき》エネルギー分が落ちたとしても、本質エネルギーがしっかりあるので、落ち込まずに耐えられるわけですね。

芸能界って「干された」なんてすぐに噂《うわさ》になりますけれども、落ちるようなことがあっても、そこから復活する人は、元の本質エネルギーが高いんだと思いますね。某小林ナントカさんなんかはそうですね。一度テレビ業界、歌の業界から外に出されたけれども自分のポテンシャルですぐに戻ってきました。こういう方は人氣《じんき》がなくなっても大丈夫な人ですね。

たとえば、某ひろみ郷さんも、ずっと高い位置をキープしていますね。日々精進をやっている人は、人気《にんき》がどう変動しようと、自分のレベルを一定レベルに維持できるので、全盛期からは落ちたとしても、常に一定レベルを保てます。

自分を成長させていない人たちは、一回落ちてしまうと、そのまま消えていくという感じです。エネルギーがないんですね。スピリチュアル業界で僕もなんとかやっていけているのは、人気《にんき》が落ちてもやっていけるぐらいのポテンシャルをなんとか維持しているということになります。

成功という面からすると、一発で大きく成功するような人は、人氣《じんき》をうまく操ると同時に、神氣もうまく使って自分の成長ともバランスを取っている人が大半です。ですから、どっちもうまく使っている人が世の中で大成功している人です。

神社本のこと

まるの日　「成功している人ほど、神社にお詣りをしている」というような本がありますね。こういう本で扱われているのは、どちらかというと人氣系の神社が多いなと見ています。また同じ本の中で著者がエネルギーと呼んでいるものも人氣系かなと感じます。

本を書いている人もいろいろですが、世の中で経済的に成功している人が書いている神社めぐりの本は、大抵、人氣系のエネルギーです。

僕から見ると、**「神社にお詣りすると成功する」と言っているご本人は、実は神氣**

と人氣の両方を使っている人が多いんです。でも、本を読むと、人氣の使い方がメインになっていたりします。そこは神氣を秘密にしているのか、神氣はエネルギーの扱い方的には上級編なので、まずは初級編の人氣側から書いているかのどっちかです。

まあ、上級編というのはマニアックですからね。そして、一番わかりにくいですよ。「その人の穢れを取って、その人の本質につながるらしい」とか、「神氣につながると、自分の本質に沿った、いいことがあるらしい」とか。わかりづらくて本に書いたら売れなそうです（笑）。ですけど、神氣につながって自分の本質につながると、流れがいい。そんな感じで、いい感じになりますよ。

で、僕はどっちかっていうと基本的に神氣側なんですが、人氣系の本も出してます。前著の『人・物・お金の流れは太くなる』です。これは人氣を集めていますよね。「この本を読むと運気が上がります」っていう本ですから（笑）。

ほかにも著作の中に、『誰でもヘミシンク』（ハート出版）っていう本があるんですが、これも明らかに人氣を集めるタイプの本です。「誰でも」というタイトルがついていること自体、人の氣が集まりやすいですから。世の中の広告物を見ていると、この流れを利用しているものも多くありますね。

こんな感じで、神社めぐりのために何か本を参考にしたいなっていうときには、その本を書いている人の素性がプロフィール欄に書いてありますので、ここを参考にされると、その人がすすめている神社がどっち系の神社かというのは、見当がつくんじゃないかなと思います。

本質とハイアーセルフは同じもの？

質問者　まるの日さんが言う「本質」というのは、ハイアーセルフと同じですか？

まるの日　同じような意味合いだと思います。呼び方は何でもいいですよ。僕がハイアーセルフって呼ばないのは、「ハイアーセルフ」という言葉がひとり歩きしてるからです。ハイアーセルフがどこからどこまでを指すのかとかは、スピリチュアル業界の中でそれぞれ線引きが違うんです。

で、そういう曖昧《あいまい》な概念よりは、日本語で「本質」というほうがわかりやすいかなと思ってこの言葉を使っています。

本質につながって生きるとは？

まるの日　〝本質につながって生きる〟ことについて、ちょっと補足しますね。

本質というのは、自分の本来生きる方向とか、流れのことを言っています。

自分の本質を知るというのは、たとえば今、皆さんが「年収20億を目指そう」と想像したときに「何か違うな」と思うのであれば、それは身の丈に合っていない、ご自身の本質とは違う生き方になります。

一方で「年収20億か〜。それぐらいあってもいいかな」と何気なく思えた人は、本質につながると、それぐらいいけるかもしれないということです。

つまり本質の流れで生きていると、無理がないエネルギーが自分のできる範囲で動くということです。

最初にお伝えした「神氣＝自分自身＝神につながる」というと、すべてにおいて万能なようなイメージがあると思うんですが、「万能」という概念自体が、人間が作り出したイメージです。人間がイメージする万能は、世の中に存在しない。

でも、「神」は人間の作った概念を超える「万能」なんですよね。表現が難しいですが。雰囲気で感じてください（笑）。

で、たとえば、「一人で仕事をするのが本質だ」というXさんがいるとしますね。ところが、世の中には、「いろいろな人とネットワークを築かなくてはいけない」「たくさんの人と組んで自分のやるべき仕事を世の中に広げなければならない」という情報がはびこっていますよね。

それを聞いたXさんは「そうか、いろいろな人とつながらないといけないのか」と思って、頑張って人とつながる活動をします。ところが、Xさんの本質は「自分一人で仕事をしていく」なので、本質とは違う行動をしていることになります。「頑張って人とつながる活動」は人氣を扱っているのと同じことなので、活動を続けると人氣が集まってきて、業績は上がっていきます。

ところがその分、Xさんは疲弊も感じていきます。ですが「自分が疲れるのは普通のことだし、業績が上がる過程ではしょうがないことなんだろう」と思って、Xさんは自分の疲弊した感覚を無視するわけです。

Xさんが、このまま人氣の中で生きていければいいんでしょうけれども、ここで〝本質とつながる瞑想〟なんかをやってしまったりすると、「自分一人で仕事をする」というXさんの本質側につながってしまいます。すると「今まで頑張って人とつながってきたけれど、今の人間関係のうちのいくつかは、自分の本質に沿った関わりではない」ということに気がついてしまう場合があります。

すると、本質的な関わりではない人たちが一気に切り離されてしまうということが起こるわけです。さらに、その人たちからもらっていた人氣エネルギーも、一気に切り離されてしまうわけです。ですから場合によっては、頑張っていた人間関係から得ていたお金やエネルギーも、切り離されることがあるわけです。そして、自分が本来持っている本質のエネルギー状態に戻ります。

ただしXさんが人氣エネルギーから切り離されたといっても、これまでにエネルギー量をたくさん扱ったことで自分のエネルギーライン自体も太くなっているわけですから、自分の本質エネルギーが流れる量も太くなっているわけです。

Xさんは「自分は一人で仕事をするほうがいいのだな」と気がついたことで、いったんそれまでの人氣エネルギーから切り離されて落ちてしまいましたが、落ちた分については、そこからまた自分の本質の流れを太くしていくことを頑張って、這《は》い上がっていけばいいということになります。

質問者　それは今の人生の中においてという話ですか？

まるの日　はい。ですから、本質につながると何がいいのかというと、仮にXさんのように、一時的にそれまであった人氣的つながり、人やお金や仕事などが全部切り離されてしまうことが起こったとしても、その先に新しい流れがあるということです。もっと太くて丈夫で安定した流れが生じてくることになります。

人氣エネルギーって不安定なんですね。要は、人から集め続けなきゃいけないし。集めるラインがなくなったら滞りができますし。滞れば、さらにエネルギーの不足から自分のエネルギーの持ち出しがはじまるので、つながった先にいる関係者に不満が生じて軋轢《あつれき》が生じてきたりしますしね。

僕は今、全部一人でワークショップをやっています。これは、一人でやるのが自分の本質なんだと気がついたときに、自分の本質の流れを使って動いていこうと切り替えた経緯があるからです。

僕自身が自分の本質に沿った方法でワークショップをしはじめると、その流れに沿った人たちが集まり出すようになりました。それはつまり、ご自身が自分の本質に沿って動いている人たちが集まってきたってことです。

そして必要なときだけ、本質の流れが絡《から》んだときだけ、誰かと一緒に仕事をして、終わればまた離れるという形になりました。だから離れていく人を無理に引き留めなくても、自分が無理に頑張らなくても大丈夫ということになります。僕はそのほうが性に合っているんですよね。

そもそも、僕は、こういう人氣的つながりを面倒くさく感じるタイプなので、前みたいに手伝ってくれる方が入ると、僕が気遣いしてしまいます。当時はワークショップをやるたびに、疲れ切って疲弊してました。ワークショップの後にさらに夜会をやるなんて、できないぐらい疲れてましたね。僕が消耗したエネルギーはどこへ行くかというと、間に入ってワークショップを開催してくれた方に行くわけです。こういうことがあるので、間に人を入れないようにしています。良い悪いは関係なく、そういうことが起こりますね。

自分の本質のエネルギーで仕事をすると、無理に人と一緒に組んでやろうということではなくて、縁ができたらやろうかなぐらいの、ゆるい感じになります。そのほうがいいんですよね。なぜかというと、自分の本質の状態と同じレベルの人が来る。だから、自分の本質レベルが10ぐらいだと、10ぐらいの人が来る。

人氣エネルギーを使っている状態だと、自分は10しかないのに、50ぐらいの人と一緒に仕事をする気になったりする。そして失敗することもあります。

質問者　自分の本質に沿ってコツコツやっていくと、50の人と一緒に仕事をするのも夢じゃない？

まるの日　自分に見合った人と一緒にやりますよ。もちろん個人で仕事をする場合、確実に制限はありますよね。それ以上いかない部分がある。そのときは、それで打ち止めってことです。自分の今の循環の中で、お金や人間関係を動かすということになります。

一度、自分の本質の流れを感じたら、本質の流れに身を任せるのはいいなという気分になりますよ。本質に乗れない人は、人氣を集めないとダメだなという考え方になるのかもしれません。

仕事でもなんでもそうなんですけれども、自分にしかやれない仕事、自分がやる仕事を集中してやると、自分の本質の流れにつながります。ところが、人に良く思われたいとか、人に合わせた仕事というのは、人氣を操作していることに近くなります。だから自分の力が足りないときは、感情が揺さぶられるなど、相手にエネルギーを供給するような動きをしてしまったりします。

みんなが本質につながって仕事をしている状態というのが理想ではありますよね。人それぞれにバランスがありますけれども、自分の本質につながったときに流れが良くなるという経験を僕はしているので、一応こちらをおすすめしているというところです。

神氣や本質につながったら幸せになるの？

質問者　神氣とつながったからと言って、人間関係が俄然《がぜん》良くなって、周囲も全員ハッピーになるとか、そういうことではないんですか？

まるの日　そういうことに結果的にはなるのですが。短期的にはそうはならない場合もあります。むしろ、神氣を使うことで一時的に現状がボロボロになったり、自分一人になったり。そういう状況になる可能性だってゼロではないです。

質問者　でもそれが、本人にとって幸せなんですか？

まるの日　それが本人にとって、最も本質に沿った生き方になるということです。先ほどの事例は、無理して人付き合いすることが自分自身を向上させることになるかというと、そうはならない場合もあるってことをお伝えしています。

僕の場合は、余計なものが祓われて人間関係が改善するときには、その分どこかで、必ずお金を取られるか、消耗するということが起こります。

質問者　必ずしも「神氣とつながること」と、「幸せになる」はイコールではないし、お金自体が祓われることもあると。

まるの日　そうですね。本質につながっていないことをしていると、その分、負債のような形で、現金として出ていく場合もありますね。

みんなが本質とつながると、宇宙規模で見れば、そのほうがいいということになります。**宇宙規模で見ると、神氣とつながる人が増えるほうが、宇宙と宇宙を結ぶ線が太くなるんです。**どうでもいい領域に話が及んでいますが（笑）。

説明をかなり端折《はしょ》りますが、神氣につながって生活をするということは、宇宙に対してより良いことをしているということになります。まあ、宇宙なんかどうでもいいよ、人間の範囲で回すよって言う人は人氣です。

ただ、人氣で感情を揺さぶられたりするとエネルギーの余剰が出ますが、その余剰分も宇宙のエネルギーとして使われているので、結局はどっちも一緒なんですけれどもね。

自分で神氣、宇宙とつながり、自分のためにエネルギーを回すのか。人・人氣を経由してエネルギーの流れに乗り、宇宙のために行動するのか。

どちらを選ぶかですよね。

質問者　こういう夜会やワークショップに参加して、自分で意識して囚われを外そうとしている人は、生きているうちに外れることもあると思うんですが、そんなことはまったくしないで死ぬまで囚われっぱなしの人もいますよね。でもまるの日さんのほかのワークショップでは「死んだあとには、全部祓われる」っておっしゃってましたよね。

まるの日　はい。そうですね。

質問者　じゃあ、囚われは、生きているうちに、わざわざ外さなくてもいいってことですよね？

まるの日　でも、質問者さんの場合は「自分の囚われに気づく」という流れがあったということですよね？　**自分に囚われがあって、外すことができるというルートに気がついてしまった人は、それをやらざるを得ない**というか。囚われがそこにあると認識してしまったらもう、やるしかない。

質問者　それは目が覚めなきゃよかったみたいな話ですか。結局肉体がなくなったら全部チャラになるのに？　私は、そもそも、本質につながるなんて、こんなに辛いことを今やらなくてもいいんじゃんと思ってしまうんです（笑）。だって「自分の本質＝自分一人が良ければ楽しい」みたいなタイプだと、社会で生きているだけでボロボロになるわけだから。

まるの日　何でもやってみないとわからないですよ（笑）。たとえば、それが本質の場合は、自分の中であえて、人との距離感をうまく保てるようになれば、問題がなくなるわけですから。

質問者　私は勘違いをしていました。自分の本質につながる分、幸せになるのかと思っていました。

まるの日　一応、結果的には幸せになりますので、大丈夫ですよ（笑）。

参加者B　「何が幸せなのか」っていうことにもつながりますよね。

質問者　結果的にはそうなんだけど、でも自分の本質に気づいてしまうと、逆に「私、今とんでもないところにいるな」って思ってしまう。

まるの日　自分の本質の流れに気づくのって、30代後半過ぎてからくらいですよ。それより若い人は、ちょっと大変かもしれないですね（笑）。

人氣が苦手なのですが……

質問者　お話を聞いていて、自分の人生を思い返してみると、人から人氣を使ってエネルギーを奪われていたと思える場面が多くて、人氣に対してすごい嫌悪感があります。だから自分が人氣を使える気がしないんです。そういう場合は神氣でコツコツやっていけばいいという感じでしょうか？

まるの日　はい。神氣とか、本質とか、そっちでやっていけばいいと思いますよ。

僕もどっちを使うかと聞かれたら、神氣が好きです。人氣は、憎いとは思いませんが、面倒くさい。一回もらったら返礼しないといけないとかあるじゃないですか？お土産もらったらお返ししなきゃいけないとかね。

要は、基本的に人付き合いが面倒な人は神氣です。

気遣いは良いし、メールはすぐに返すし、来てくれる人たちにはいつも心遣いをする。そういう人は人氣です。簡単に言えばそんな感じです。

ですから、なんとなく引きこもり傾向で、一人でいても気にならない人は、だんぜん神氣でしょうね（笑）。無理して人氣を使わないほうがいいです。

神社に光の柱を立てること
神社で柱を立てる行為と神氣と人氣

まるの日　神社に光の柱を立てる人たちがいますね。この中で光の柱立てをやってる人いますか？

質問者　光の柱立てって、何ですか？

まるの日　この業界の人たちが集まって神社に行くと、そこにイメージで「光の柱を立てて神社を浄化します」と言うんです。そのことです。この「浄化」というのが何を意味しているのか、僕にはピンとこないんですよね。そんなことをせずとも「神氣とつながればいいじゃん」って思うので。

わざわざ光の柱を立てなくても、自分が神社に行って自分の上にすでにある神氣とつながる、あるいは神氣と自分の間にエネルギーの柱がすでにあるとイメージするだけで終わる話かと。神氣というものはこういうものだなと感じている人の場合は、神氣を感じ取って、その人自身が神氣のエネルギーとよりつながることで、その人自身が神氣のパイプ役になります。

しかし、あえて光の柱を立てるというんですね。それは余計なことだからしないほうがいいんじゃないかと思います。なぜかというと、神氣と人氣の区別がついていない人がそれをやると、人氣の柱をたくさん立てることになるからです。結局「よし、良い気を降ろすぞ!」と言いながら、そこに人氣の柱を立てて、人氣のエネルギー場を作ってしまう。だから僕から見ると、光の柱を立てる活動をしている人って、人氣を活性化させてるんだなというイメージになるんです。これは僕の活動とは相反する感じになります。

僕もこの業界に入った初期のころ、いろんな人に神社に連れていかれたんです。すると一緒に行った人たちが、急にみんなで手をつないで神社の境内で「光を……」とやりはじめたんですよね（笑）。僕はちょっと気恥ずかしいのもあって、全然違うところをぶらぶらしてたんですけれども。こういう人たちは結構いらっしゃいます。

別にそういう人たちの活動が悪いわけじゃないんですが、ただ、自分がエネルギー的に何をやっているのかという自覚を持ってやらないと、CO_2を削減するのに原子力発電所を建てましょうというのと同じくらい、ずれたことをやっている可能性があるんですよ。

ですから、神氣を降ろしたいなという場合は、自分自身が神氣のある場所に行ってそのエネルギーを存分に堪能することが、同時により良い神氣エネルギーの活性方法にもなっているということです。神氣を知っていて光の柱を立てる人なら、それはそれでいいと思いますが。真似事でやるなら、いろいろと面倒なのでやめてほしいところです。

自分でやる光の呼吸法の威力を感じる場合は機器を使わなくてもよい？

質問者　僕は約6年前、まるの日さんのワークショップで、自分の周りをリーボール(Reball:Resonant Energy Balloon)で囲むというイメージ呼吸法を教えてもらいました。そして、それがすごく効いていると実感していて、今でも毎日、この呼吸法を使っているんです。だから、なぜ、神氣を発生させるような器械[※1]を使う必要があるのかな？　と思って質問しました。

私は普段、タクシー運転手をしています。毎日30人以上、お客さんが乗ります。本当にいろいろな人がいて、中には、エゴ丸出しというか、ひどいなって思う人もいます。そういうときに、リーボールを張ると、本当に効果があるんですよね。

まるの日　はい。リーボールを張っている状態は、神氣の中で自分の本質につながっている状態と同じですね。

質問者　そうですよね。僕はかなり役立てていますよ。今でも、この呼吸法をワークショップで教えていますか？

まるの日　はい、そういう内容の場合もあります。今は、前の本にも書いたように「光の呼吸法」になってます。

僕は、ワークショップや夜会で、いつも新しい情報を提供しています。いろんな情報を提供しますし、中には不必要な情報もあると思います。ですから、皆さん全員がその情報を活用しなくても、全然いいと思ってます。

で、質問者さんぐらいリーボールを使いこなしている方は、リーボールで全然ＯＫです。ただ、中にはリーボールを作っていると思っていながら、実はザルのようになっている人もいます。そうなると、ザルの網目みたいな隙間から入ってくる他人の影響を受けたりします。

質問者　そうなんですか。そんなに詳しくリーボールのことを考えたことはなかったですが、自分が「リーボールがゆるくなってきたな」と感じたときには、すぐに張り直すんです。すると、たとえばチンピラみたいな人が乗ってきても、降りるときには人格が変わったんじゃないかと思うぐらい、相手が変わってしまうという経験をたくさんしました。

まるの日　それは、ご自身の本質のエネルギーをタクシーの中に満たしているんでしょうね。その状態というのは神氣がある神社と同じ状態なので、ご自身に、そのような場を作る力があるということだと思います。ですので、それで全然ＯＫだと思います。

今の方のように、83の領域、あるいは35領域[※2]のエネルギーを無意識に満たすことができる方、もしくは、コントロールしてできるようになっている方は、神氣を利用せずとも、ある程度は対応できると思います。

ただ、僕みたいな仕事をしている方、そして大人数を相手にする場合、また本質エネルギーに集中しにくいと思われる方なんかもいると思うんですよね。そういう方は、器械的にゴリゴリ[※3]やったほうが手間が省けると思います。

※1　ここでは、場を浄化する、祓う器具・器械を指す。ブログ等で紹介したことがあるため、この質問が出ている

※2　まるの日圭オリジナルの目に見えない階層概念

※3　穢れや囚われや他人の念を一気にたくさん祓うこと

質問者　今、私は、6人一緒に、一つの部屋で仕事をしています。この人たちは別に悪い人ではないんですが、休み時間になるとどうしても外に出たくなってしまいます。それは神氣に触れたくなるということでしょうか？

まるの日　そうだと思いますよ。人と一緒にいることで、どうしても人の影響を受けてしまう。人が二人そろうと、どうしても間に摩擦が生じるということは、やっぱりあると思います。

質問者　じゃあ、私も先ほどの方のようにリーボールをうまく張れるようになれば、雨の日にわざわざ外に出なくても、平気になりますか？

まるの日　それがですね。人間には、リーボールで防御できる範囲と、できない範囲があって。1対1ぐらいだといいんですけれども、1対6ぐらいになると、思ってもみない方向から攻めてくるとか（笑）。

質問者　じゃあ、外に出たくなったら出るほうが早いですか？

まるの日　そうですね。それと日常的に光の呼吸を使って、自分の本質の光のエネルギー・ハートからのエネルギーを空間にいつも満たすというふうにしておくと、イメージ的には自分のリーボールエネルギーを部屋に満たしていることと同じになるので、その部屋の空気感が良くなったりもします。
本質からのエネルギーを周囲に流す。これができるようになると、基本的にはその場、その空間の雰囲気が良くなりやすくなります。自分がパワースポット、神氣発生装置みたいになれます（笑）。

楽器の音色と神氣と人氣

質問者　ヒーリングライアー（竪琴に似た楽器、左ページ写真）やクリスタルボウルは、何系ですか？

まるの日　ヒーリングライアーは、基本的にその人の本質につながるというのがうたい文句です。僕が使っているヒーリングライアーは本質につながるものです。奏者はご自身の本質につながって奏でるので、その人に合わせたエネルギーや、音を奏でることになります。
ヒーラーもいろいろな人がいるように、何か勘違いして奏でている人がいないことはないとも思うんですが、でも、いまだにライアーを人氣系エネルギーで奏でている人には会ったことがないですし、そもそも語れるほど奏者に会ったことがないので、僕にはそこはわかりません。もしかしたら、いないとも限らないですけれども、一応これまでに会った、ヒーリングライアーを作っている方、売っている方、弾いている方は、すべて本質側、神氣系でした。

で、クリスタルボウルに関しては、人氣と神氣の狭間にいる感じです。これも奏でる人次第です。僕にヒーリングライアーを販売してくれた癒

ヒーリングライアーを使った著者のワークショップの様子

しの森の美幸さんから、以前「ヒーリングライアーはハイアーセルフ（本質）につながるんですが、クリスタルボウルは演奏する人のエゴがすごく出る場合もあって、演奏する人によっては合わせにくい」と聞いたことがあります。

奏でる人のエゴが広がる。奏でる人のエゴが倍音によって広がるってなんだか……（笑）。一応言っておくと、僕が一緒に活動していたナーヤさんは本質側です。やっぱり屋久島に住んでいるだけあります。

クリスタルボウルは奏者によってどちらにもなり得る。ですから、実際に聞いてみて、ご自身にとって心地いいかどうかで選んでいくといいでしょうね。

ヒーラーと神氣と人氣

質問者　ヒーラーにも同じく神氣系と人氣系の両方いるということですか？

まるの日　ヒーラーは、基本的に「神氣や本質につながる側」です。ところが、人氣を使っているヒーラーも無きにしもあらずです。ただ、人氣を使う人は、早く亡くなります。やっぱりその分返済が滞るので回収されることになります。

人氣を使って人にアプローチすると、ものすごく「気（エネルギー）」が必要なんです。たとえば、足が利かない女性がいたとしますね。そこに人氣を使ってヒーリングをすると、足が本当に治ることがあるんです。たとえば「肺炎で入院して危篤、今日か明日か」という場合に人氣を使うと、本当に復活することがあるんです。ただ、その分、ヒーラーに対して何かが来ます。

質問者　ヒーリングを受ける人は来ないんですか？

まるの日　受ける人は問題ないです。ヒーラー側がちょっとダメージをくらうということですね。

僕も神氣と人氣の両方を使えます。そして身内が死にかけたときには全力で人氣を使います。だから身内が肺炎で入院して吐血したなんて場合は、僕が身代わりになって一日寝込みます。そういうやり方もあります。

ただ、商売でやるときには、僕ももうちょっと長生きしないと猫と家族を養えないので、人氣側はよっぽどじゃないと使いません。

確かに人氣側のほうが、効きは早いですね。すぐに効きます。今までやった方はみんな助かっています。ですが、ヒーラーの役目は「その人の本質につなげること」なので、その場で神氣につながるパイプを作ってその方の流れを良くする。僕の普段のヒーリングはそんな感じになりますね。

気功なんかをやっている場合、人氣側に傾いた施術者は早く亡くなるという話を聞いたことがあります。気功は、基本的には本質につながる方法だと思うのですが、つい〝気がいい〟と、人氣側に傾倒してしまうこともあります。そうなると、自分の身を削るので、急に逝かれる場合があります。

何でも使い方次第ですね。自分が返済できる分のエネルギーを前借りしたりして使えるのであれば、人氣側を使っても大丈夫ですよね。

こういう話を聞くと、やっぱり神氣側がいいかなという気持ちになったりすると思いますが、それは僕が神氣側が好きだから、皆さんを神氣に誘導しようという意図があるわけです（笑）。わかりますよね。

結局、話し手の好き嫌いでどっちがいいかという判断も分かれてきますので、後で別の人の話を聞いて、やっぱり人氣がいいと思ったときにはそれでまったく問題ないです。

ただ、僕は神氣派ですよというのは、ここで言っておきますね。

あるヒーラーに見る神氣と人氣の移り変わり事例

質問者　ある著名な海外のヒーラーで、出版物やカード類のグッズも出していたBさんがいます。Bさんは最近、ある教会で、これまで経験したどれよりも強烈なキリストとの遭遇体験をしたとして、キリスト教に改宗し、これまでの自分の活動は偽物だったと過去を否定する発言をしました。そして今後一切、出版を含めたこれまでのような活動をしないと宣言しました。私はBさんの著書やカードを愛用していたので、少々ショックを受けています。この場合の神氣と人氣は、どのように働いたので

図4

しょうか？

まるの日　僕なりに、自分の体験と謎の情報を交えて答えてみましょう。

Bさんは、ヒーラーになる前、最初のスピリチュアルな体験として、「神」との遭遇を果たしました（前ページ図4）。これは「高次元にある自分の本質とのつながりを強烈に行った体験」というものです。すべてを認められている感覚になります。一応僕も経験あります。

で、こういう体験をすると、こう思います。

「もっと多くの人が、これを体験できれば、世の中がより良い世界になるのに」

そして、「多くの人がこの体験をするには？」と、その方法を模索しはじめます（次ページ図5）。

その際、「今、自分がいるコミュニティで最もわかりやすいメソッド」を用いることになるので、Bさんは自分が生活している国に広まっている〝キリスト教的概念〟〝天使とのつながり〟などを使って、「自分の高次元体験の説明」を行っていったと思われます。

ここでの「天使」というのは、純粋に「神のエネルギー」とつながった存在なので、呼び方は「天使的高次元意識」でも、「ミカエル的高次元意識」でも、何でもいいんです。正直、名前すらどうでもいいのですが、ミカエルなりラファエルなり「自分が感じたイメージに近い」名前を与えて、皆がここにつながることで、多くの人が本来の自分、高次元の自分の本質につながる道を作っていきました。そういうメソッドをBさんが作り上げていった感じです。要は、人間が受け取りやすい情報に変換する「フィルター」として天使を用いたということです（次ページ図6）。

図５

図6

その後、多くの人が、Bさんのメソッドで自分の高次元本質（神）につながることができて、人生が変化していったとします。すると「人生が変化した」という話を聞いて、さらに多くの人が集まってきます。「私も神を感じたいわ」って感じで。

すると、本来は、

「高次元本質（神）」↓「天使」↓人々

という流れのつながりがあったのに、

人々↓天使↓人々

という別の流れが生まれはじめます。

これは、神氣と人氣で言うと、今まで神氣につながっていたルートに、人の欲望が入ってきて人氣エネルギーが満ちていき、人氣エネルギーの循環ができてしまうということです（次ページ図7）。

Bさんと一部の人たちは高次元本質（神）とのつながりや、神氣エネルギーを感じているものの、大多数の人は人氣、つまり人の念や感情によって生み出されるエネルギーにつながっていき、「ミカエル的人氣エネルギー」を循環させていく流れを作っていってしまいました。

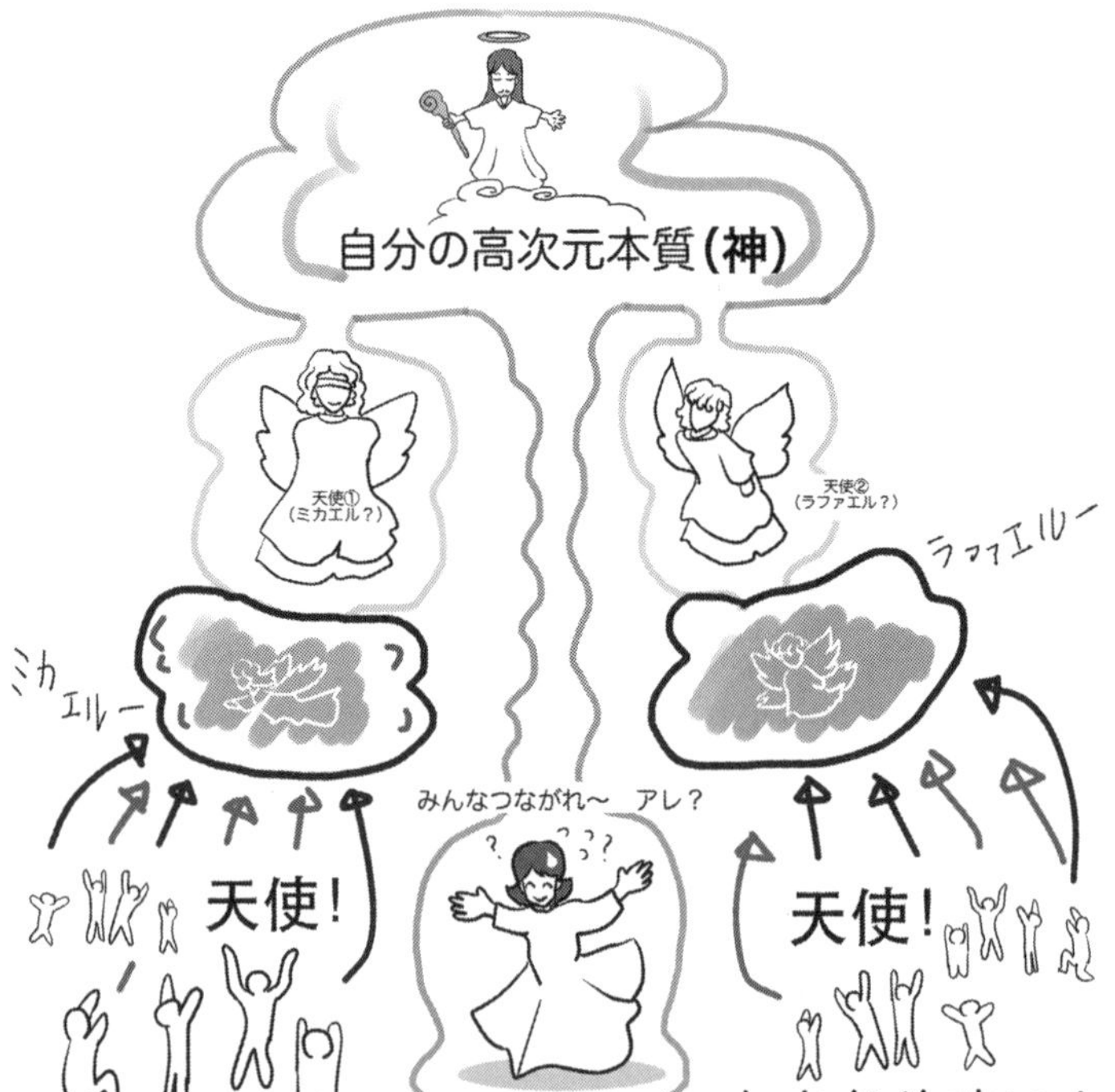
自分の高次元本質（神）
天使①
（ミカエル？）
天使②
（ラファエル？）
ラファエルー
ミカエルー
みんなつながれ～　アレ？
天使！
天使！
わかりやすい！

図７

こうなると、Bさんが個人的にいくら神氣＝高次元本質につながっていても、多数の人氣＝人の意識のエネルギーがそこあるので、パワー的には、かないません。人氣は人間の欲得に反応して願いを叶えやすくしてくれます。ですが、そのエネルギーの質は人から集めてきたエネルギーなので、人氣につながった誰かが必ず不足を感じ、その不足を埋めるためにさらにこのメソッドに頼るという循環も生まれ、人氣のエネルギーがさらに集まってしまいます。

Bさんの本やアイテムは海外でも出版され、集まる人氣はますます大量なものになっていきます。関わる人間が増えれば増えるほど、助けを求める人が増えれば増えるほど、現状を変えたいと望む人たちが増えれば増えるほど、集まる人氣は増えていき、気がつくと神に直結していた「ミカエル的高次元意識存在」は、「ミカエル的人氣エネルギー」になり、本来あった高次本質のエネルギーは、ほぼ循環しなくなってしまいます。

こうなるとBさん自身も気づかないうちに、天使だと感じてつながっていたものが、実は「人々の作り出したエネルギーの渦」だったということになります。

すると、Bさんは今まで通り、天使のメッセージ、天使とのつながりの話をしてゆくのですが、以前のような「神、高次元本質、天使」という流れを持たないやりとりになっていき、気づかないうちに人々のエネルギーを循環させるシンボルとなってしまいます。

そこで生み出されるのは人のエネルギーを動かすメソッドとなり、出版される本も人のエネルギーを集め循環させるものになったり、そのほかのアイテムも人氣を動かすものになっていきます（図8）。

Bさんと、Bさんのメソッド・出版物に集まるエネルギーは大量なので、一見したところでは、そのエネルギーが神氣＝高次元本質のエネルギーなのか、人氣なのかわかりませんから、一般的に見ると「この人すごいわ」と映り、さらに人氣エネルギーが集まっていきます。

人氣エネルギーはさらに「キノコな人（人氣エネルギーに寄生する人）」を呼び寄せるので、Bさんのプライベートにまで影響が出て、集まる人氣を利用しようとする人とBさんが結婚したり、あるいは離婚したりが引き起こされたり、ほかにも、Bさ

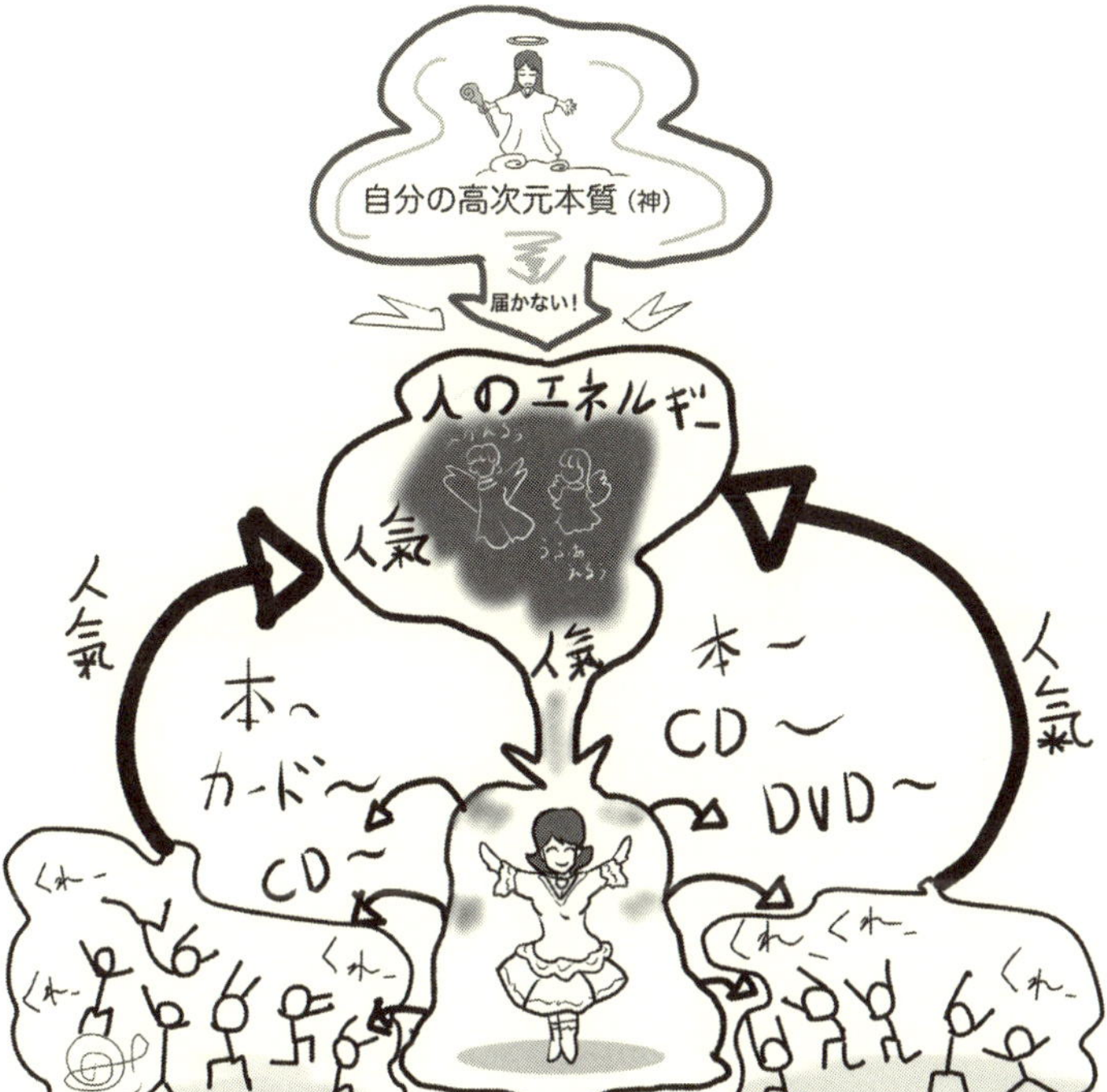
自分の高次元本質（神）
届かない！
人のエネルギー
人氣
人氣
人氣
人氣
本へ
カード〜
CD〜
本〜
CD〜
DVD〜
くれー
くれー
くれー
くれ〜
くれー
くれー

図8

んに集まってくる人氣エネルギーを使いたい人たちが集まり、Bさんはだんだんと利用される存在となっていきます。

そうなると、正直疲れます。

自分本来の本質エネルギーが薄くなり（自分の本質とは一度つながっているので切れることはないのですが）、神氣より人氣が強く周りを固めてしまう状態になってしまうと、人氣エネルギーに左右されてしまうので、安定した自分の本質である神氣が不足し、自分自身の人生にも迷うようになります。

Bさんにとっても、本質、つまり神とのつながりが薄く感じられてくるのもこの時期でしょうか。

そして、あるとき。清浄な空気のある場所、日本では神氣に満ちた神社にあたるような場所に足を運んだときに、自分の周りについている人氣が一気にごっそりと外れることがあります。日本的に言うと「穢れが祓われる」という状態です（図9）。

Bさんは神とのつながりを求め祈りを行う場所、この場合は教会という空間で自分の穢れを外し、そして本来持っていた「高次元本質（神）」とのつながりを体験し、

図9

そして本来の自分を思い出したわけです。これをキリストとの遭遇と表現しているんだと思いますが。

ここで、最初より強烈なキリストとの遭遇体験となったのは、人の気とはいえ、これまで「大量のエネルギーを回す」ことを行っていたため、ご自分の「高次本質(神)」とのつながりにおいてもエネルギー循環のパイプがすでに広がっており、そのためエネルギーが一気に流れ込んでくることになり、以前よりも強烈な「神体験」が訪れたと思われます。

そうなると、今までの「人の気」で動いていた自分のパターンは「偽物」と感じられますし、また元の状態に戻るのは嫌でしょうから「あれは無かったことに」という気分になり、「自分が感じた強烈な神とのつながりを大切にして本質に沿った生き方に進もう」と決めたのではないでしょうか。

こうなると、「キノコな人」も、「利用しようとする人」も来ませんし、安定してご自身の本質とのつながりを堪能できる人生が待っているということですね。

Bさんご自身はキリスト教のメソッドを使って、キリストを感じることで神とつながるのが一番しっくりきたというところなのでしょうね。神とつながる方向としてBさんがそれを選択しただけであって。

周りがいろいろと期待するのは他人の勝手な都合なので無視して、Bさんにはこれから先も、ゆっくりと心穏やかに過ごされることを祈っております。

僕もいずれはそういう生活をしたいですけどねぇ。現在は猫がいっぱいいるし、妻子がいるし、家のローンも車のローンもあるしで。

つまり、人々が「この人すごい」と思う人には、こういう人氣のエネルギーが集まる。同じく「ここはすごい」というパワースポットにも人氣が集まる。

そしてそれは、本来存在している神氣＝高次元本質につながる流れを妨げてしまうことも多いということです。

短期的に、経済的にも良い人生をというなら人氣利用も可能ですが、まあ、面倒なので、僕はあまりおすすめしません。どちらかというと僕は神氣派だし、みんなで高次元にある本質につながって、自分本来の生き方を進めていけたらいいと思っているので。

個人的には、Bさんが作っていた「人氣に満たされる前」のメソッドは使いやすくて、僕は現在も利用させていただいております。カード類は、使いやすいですもんね。Bさんはすべての過去を否定しているかもしれませんが、Bさんのメソッドには時期によって「本質」エネルギーが強いときに作られているものもあります。質問者さんは、そういうものをご自分で探して使ってみるのもいいんじゃないでしょうか。

天然石と神氣と人氣

まるの日　天然石というのは基本的に自然物なので、本来は全部神氣エネルギーなんですね。ただし、本来は、ですよ。人工で作られたものとか、欲得にまみれたブレスレットなんかは全部人氣になります。

どちらを身に着けるかは、好き好きです。人氣のパワーを上げたいときには人氣系の石を使う。自分の本質につながって、自分自身のエネルギーを向上させたいときには、神氣系の石を使うという感じになります。

ちなみにうちのお店（ヒーリングショップ・ネコオル http://marunohikafe.cart.fc2.com/）で扱っているのは、ほとんど神氣系です。そんなこと言いながら龍の彫り物をしている石もあるので、微妙に人氣系が入らないこともないんですが、一応ベースは神氣ですね（笑）。

一緒にお店をやっているうちの奥さんもそうなんですが、基本的に引きこもり体質というか、一人でも全然ＯＫっていうタイプなので、どうも人氣系の石は扱いにくいんですよね。だから、その人が持つことで本質につながるような石を集めたくなるところがありますね。

たまに「ルチルクォーツで運気を上げよう！」といったような天然石の広告が雑誌に載っていたりします。見たことありますか？　ああいうのは全部人氣エネルギーを使っているので、広告のルチルクォーツを買ったとしても、運気を上げられる人と上げられない人が出てくるということになります。広告には運気が上がって札束風呂に入っている写真が一緒に載っていたりしますが、あれは「買った人の一部がこうなれるかも」ということになります。人氣を集めているうたい文句の裏には、「人氣に乗ってうまくいく人」と「いかない人」、必ず2パターンの人が出るからです。

僕がこの仕事をはじめた初期のころに「ヘミシンクいいですよ！」とすすめていたんですが、あれは確実に人氣を使っていたので、ヘミシンクを使ってうまくいく人といかない人の両方が出やすかったんです。その後、人氣は面倒なので、僕は人氣を使うのをやめたんですけれどもね。

質問者　人氣のブレスレットなんかをうっかり買ってしまった場合、金額分の等価交換で終わっているんですか？

まるの日　別にそれ以上に支払うものはないので、そんなに問題ないですよ。

質問者　ただし、ご利益はあったりなかったりする感じですか？

まるの日　「意外と使えんかったな〜」とがっかりする（笑）。あとは「運気上がるかも！」という気分になるというところですかね。

天然石を神氣に戻す方法

質問者　隕石系はグラウンディング能力があると言われますが、やっぱりそうなんですか？

まるの日　そう言われますね。でもそれは本物じゃないとダメですよ。隕石系で有名なものといえば、ギベオン、モルダバイトがありますが、どちらもすごく偽物が作りやすい石です。世の中的にはメイドインチャイナが多いです。器用な人が多いのもあるし、昔からの様々な加工技術がありますからね。

質問者　産出地で見ればいいんですか？

まるの日　問屋がだまされている場合もあります。だから、なんとなく自分で感じた雰囲気を信じて選びましょう（笑）。

　モルダバイトは簡単に偽造できますしね。本当に簡単に作れます。緑色のビンがありますよね。それを高温で溶かして、適当に川砂を敷いた箱か何かの中にぶちまけます。その中から適当にいいものを選んで完成です。すると3万円ぐらいで売れます。

質問者　まるの日さんのところから買えば大丈夫ってことですか？

まるの日　うちは一応、信頼している問屋さんとか、証明書のあるところからしか取らないです。

　でも、僕も奥さんもそうなんですけれども、だんだん目が肥えてくるのでわかるようになるんです。これはちょっと怪しいとか。

ギベオンは表面がコーティングされているので、それでちょっとわかりにくくなっていると思います。ですが「あきらかに筋を彫ってるやろ」っていうのを何度も見たことがあります。ですから、一度本物を見ておくのがおすすめです。本物が持つエネルギーと、偽物が醸《かも》し出すエネルギーは違いますから。

こんなこと言うと、今、石を身に着けている方がいたら、心配になってきますよね(笑)。

ただ、最初からそれは本物だと思い込んで持っていると、それがたとえ石ころでも、神氣につながることは可能なので、この話は聞かなかったことにして(笑)、自分が持っている石は本物だと念ずることで、神氣につなげることは可能です。

こういうのがわかってくると、面白いですよ。ただ、僕はいまだに「これは本物ですか、偽物ですか、区別がつきますか?」と真正面から聞かれると「わかりません」と答えるんですけどね(笑)。

一応、内包物があるかとか、不規則な形状があるかとか、そういう部分では見ますが、そのほかは、本当にその石から感じる「雰囲気」なんですね。それと値段です。

こういう場合、一番危険なのは、モルダバイトのさざれでできたブレスレットです。

それはまず存在しないだろうという。しかも1万円ぐらいなんですが、そのこと自体あり得ないです。

質問者　そういうものを扱っているお店が危ないということでしょうか。

まるの日　単にだまされているだけかもしれないですしね。問屋自体もだまされているかもしれない。

こういうものを飲みの席で見せられると、さすがに「なんて言おうかな……」って思います（笑）。「いいですね、お手頃なお値段ですね」としか返せませんでしたね。あきらかにガラスだと思うんですけれどもね。でも、その人が本物だと信じているなら、わざわざ言うことではないですよね。

石や天然石は、基本的には全部神氣ですけれども、売り方によっては人氣のものもあり得ますということです。

自分の本質につながるために、石を持つとかブレスレットをつけるというのは、基本的な考え方としては悪くないです。

神氣につながりやすくしてくれる機器的なもの、たとえばロゴストロンなんかが苦手な人もいますしね。そういう人は、やんわりと天然石で挑戦してみるのもいいですよね。

ほかにはヘミシンクやバイノーラルビートを使った瞑想ですね。ヘミシンクが神氣系ということじゃなくて、ヘミシンクを使って自分の本質につながろうということを言いたいんです。瞑想をサポートするアイテムも使い方によっては人氣系として使えますのでね。

質問者　うっかり人氣系の天然石を買ってしまって、それを神氣系に変えたいと思った場合はどうするといいですか？

まるの日　自分の本質のエネルギーで包むといいですね。光の呼吸をしながらでもいいんですが「この石を自分の本質につながるポイントにする」と設定すると、使い道はありますね。

ただし、それまでその石を使ってうまくいっていた人は、急にうまくいかなくなるということがあるかもしれません。なぜなら、人氣が祓われて神氣になってしまうわけですから。

「携帯の待ち受けにすると願いが叶う」などのおまじないについて

質問者　おまじないの類はどちらでしょうか。たとえば、ネットで検索するとよくある「この写真を待ち受けにすると願いが叶います」というようなものを使う場合です。

まるの日　願掛け系は、基本的に人氣系です。願掛け・まじない系というのは、それをネットに掲載している人や、発信してる人が、エネルギーを回収するために広めている可能性があります。

ネットに載っているからやってみようということで、実際にやってみますよね？　すると、「やったー！」または「がっかり」という結果が来るわけですが、そこで生まれた感情エネルギーは、掲載者のところへ行きます。

質問者　掲載者は何のためにやっているんですか？

まるの日　一つは、掲載者自身がいつもエネルギーが不足しているために人から集めないとやっていけないということ。もう一つは、人からエネルギーを集めることでさらに上を目指している。このどちらかですね。

SNSと人氣

質問者　最近Facebookなんかを見ると「いいね」が欲しいという動機で記事を作っているんじゃないかと思ってしまうような記事を見かけるんです。たとえば「有名な人がこう言っています」という文章をペタっと貼り付けただけの記事とか。それは今、まるの日さんがおっしゃっている「人氣を集めるために行動するパターン」なんでしょうか？

まるの日　はい。

質問者　それって、何のために人氣を集めていることになるんでしょうか？　自分にエネルギーを集めるため？

まるの日　そうです。その人自身が、日常生活の中で不足を感じている。もしくは不安を感じている。

質問者　じゃあ自分に足りないと思っているエネルギーを、「いいね」を押してもらうことによって、押した人から盗むというか、もらっている。そういう行動パターンになっているということですか？

まるの日　はい。

質問者　その場合、エネルギーは人からではなく、上（神氣）からもらえばいいということになりますか？

まるの日　そういうことです。それできないから、そういう記事を作っている。

質問者　自分の本質からエネルギーがもらえることが、わかっていない？

まるの日　はい。だから自分の本質エネルギーでも行動できる、とわかっている人だらけになると、貼り付け記事を作ったり「いいね」をむやみに押したりしないので、Facebookがずっと見やすくなる（笑）。

　実は、僕はＳＮＳ嫌いなんですよね。あれはエネルギーをかき集めるための道具です。

参加者Ｂ　僕はいつもまるの日さんのブログに「いいね」を押していますよ。

まるの日　それはとってもありがたいです（笑）。

参加者Ｂ　だから僕は、まるの日さんにどんどんエネルギーをあげているんだね（笑）。

まるの日　いつもコメントまで書いていただいて、ありがとうございます。

僕がSNSが嫌いな割に、ブログを書いたりSNSを最低限使って行動しているのは、それが僕の仕事だからです。

僕は、SNS上で不安を煽《あお》るものをやたら発信するような人は、全部ミュートにしています。ブロックじゃなくてミュートです。人間関係を悪くしたくないから（笑）。友達解除をするほどじゃないけど、この情報を見たくないという場合はミュートです。

なぜミュートするのかというと、人氣エネルギーを取られるからです。ただでさえこういう仕事ですから、人と接して、人とエネルギー交換をしょっちゅうやっている。つまり下手をするとエネルギーを取ったり取られたりということを無意識にやったりするわけですね。これは結構疲れる行為でして、僕はこれ以上疲れたくないんです。ですから、人の人氣を取ったりするようなツイートや発言は全部見ないようにしていますね。アスリートが食事制限するようなものですよ。そういうSNSの使い方もあるんだということです。

SNSを何のためにやるのかを考えたときに、自分のやるべき範囲以上にSNSが関わっていると思ったら、使用をやめることです。僕は仕事上、お客を集めないといけないので、そのためには、どんな手法でも使いますよ。というと生々しい話になってしまいますが（笑）。

ただ、SNSも活用はしていますけれども、必要以上は使わないです。だから僕は人のリツイートはあんまりしないですし、人の「いいね」もあまり押さないです。「いいね」を押さないと、相手も返してこないですよね。そうすると、人氣の取り合いがなくなるんです。すると僕の友達になっている人は「あいつ、いつも、いいねを押さないな」となって、そのうち「いいね」を押さなくなる。ちょっと寂しいなと思わないでもないですけれども、まあ、元々僕がそうしているわけですから、「いいね」の返事は来ないですよね。

僕の場合は、僕の記事をひっそりと読んで「あ、いいな」と思う人がいれば、それでいいという感じです。別に「いいね」を押さなくても、すごくがっかりなんかはしませんので、大丈夫ですよ。

それに「いいね」を押し合っている人たちは、その行為でエネルギー交換を常にやっているので、そうやってエネルギーを集めないと不安になるんですよね。

僕がなぜSNSの「いいね」をそんなに重要視しないかというもう一つの理由は、現実主義者なので、お金にならないことはやらないんです。人気《にんき》をいくら集めても、お金にはならないですもんね。

SNSでつながった人たちって、お金にならないんです。意外と思われるかもしれませんが、僕のところに来るお客さんは、SNSじゃなくて、僕のブログを読んでくれています。SNSじゃないんです。

ですから「SNSは集客ツールです」「SNSをうまく活用す人がビジネスで生き残る」といって勉強会をやったりしている人がいますが、それはSNSで「金儲け」をする人が言っているだけですから、信用しちゃダメですよ。僕はSNSで集客して、お客が来たためしはないです。これは断言できます。ブログもSNSも両方見てくれている方はいっぱい存在しますけれどもね。

じゃあSNSは使えないのかというと、緊急の連絡とかには使いやすいですよね。

というわけで、使っている割にSNSをディスってますけれども、要は、何でも使い方だということです。ツールは使い方です。ネットやSNSを見ていると、人氣に振り回される結果になったりしますのでご注意を。

ＳＮＳだけじゃなくて、既存のメディアも同じことをやっているので、**本質につながった感覚を得たいなら、メディアの情報を一切遮断する時間を作っていくこと。**それも必要かと思いますね。

ぼんやり山でも歩いて、ムカゴを拾ったり、栗を拾ったり、空を眺めたりと、自然の中でぼんやりする時間を持つ。瞑想なんかしなくても、自分で外の情報を遮断して、自然の動きだけを見る時間を作っておくと、今の人生で良い方向を見出しやすいと思います。人の気に振り回されているなと感じたら、土地、神の気に触れるように行動してみるといいかと思います。

阿蘇の空、景色など（撮影：まるの日圭　2018年）

Part 3
土地のエネルギーから知る神氣と人氣

一つの神社に、神氣と人氣の二つが存在する理由

まるの日　土地や宇宙のエネルギーを神氣と呼ぶ場合、神氣には〝入り〟と〝出〟があります。

入口には、神社のような空間が設定されることがあります。山とか岩とか、いかにも自然のエネルギーがありそうなところですね。

入口に降りてきた神氣は、人の間を通って流れ、その際に人の穢《けが》れを祓《はら》いながら流れていくので、神氣の出口は、穢れが集まり、自然と濃い人氣が集まってくる場所になります。そして出口には、それを浄化するための祈りの空間（寺院、教会など）が設けられたり、あるいは代々不幸が起こる〝呪いの土地〟として見られる場合もあったりします。

人が神社に行き、神氣がある空間に入り、そこで穢れを祓い、自分の本質につながり、世界の一部として行動した結果、豊かで成功しているように見える方々が増えて

くると、「神社はご利益があるところ」という認識が広まります。そして神氣のある場所に、お願いをして叶えてもらおうとする人やお詣《まい》りする人が集まることで、人氣が集まります。

ご利益を求めて人が集まってきて欲得のお願いをしはじめると、そこに人氣が蓄積し、神氣の周りを覆うように人氣のエネルギーが満ちてしまうことになります。

このために一つの神社に、神氣と人氣の二つが存在します。同じ神社の中に、神氣に満たされた場所と、人氣に満たされた場所があるということです。こういう神社はたくさんあります。

質問者　同じ神社内で、すごく気持ち良い場所と、気持ち悪く感じる場所の両方があります。これが神社に神氣と人氣が両方あるということですか？

まるの日　そうですね。気持ち良く感じた場所は神氣、気持ちの悪く感じた場所は、神氣の周りにできた人氣を感知したんじゃないかと思います。

たとえば境内のお稲荷さんなどが祀《まつ》られている周りに人氣エネルギーが溜まっていたりすると、エネルギーの滞りのような、どんよりとしたものを感じる場合があるということです。

僕がおすすめするのは、できれば、清々しい神氣スポット。こちらへ行きましょうということです。もっとも、中には人氣エネルギーが気持ち良いという方もいると思いますので、この好き嫌いは分かれるところです。

引っ越し・土地の神様に挨拶する

質問者　引っ越しをしたときに、「引っ越し先の神社にご挨拶をしたほうがいいよ」と言われたり、またはご挨拶したほうがいいと思って行く場合は、義理のようなものが働くので、人氣につながってしまうものでしょうか？

まるの日　まず自分の住む土地それぞれにあるパワースポットが神社だと思っていただくといいのかなと思います。

土地全体の規模で見ると、お詣りに行くことで、ご自身がその土地のエネルギー循環をサポートするということはあります。**基本的には、ご挨拶に行かないよりは、行ってみたほうがいいですよと、僕はお伝えしています。**

ただ、その神社がどっち系の神社なのかはわからないですよね？　だから神社の由来ぐらいは調べたほうがいいと思います。たとえばそこが「戦場の跡地で、そこの魂をおさめるために建てられた社です」と書いてあればバリバリに人氣の神社ですから、そういう場合は、近所にある「神氣のある神社」を探して行ってみたほうがいいですね。

質問者　たとえば、その辺りを守っているといわれているような神社を探したほうがいいということですか？

まるの日　はい。引っ越した家と土地と神社のエネルギー関係は図にするとこんな感じです（次ページ図10）。

土地の神様って結構重要で、この土地に自分がグラウンディングするという意味合いもあるので、その土地にある鎮守様でもなんでもいいんですが、そこをぶらぶら散歩してみるというだけでも、ミニ効果というものを感じられると思います。

僕が「引っ越しするんですけど、引っ越し先の場を見てほしい」という相談を受けるときには、その辺の地図を見せてもらって、神社のある場所を見て「多分この辺りからが、この土地のエネルギーの流れでしょう」とアドバイスすることがありますね。もちろん有料で（笑）。ここで言っておかないと、次から写真が添付されたメールが

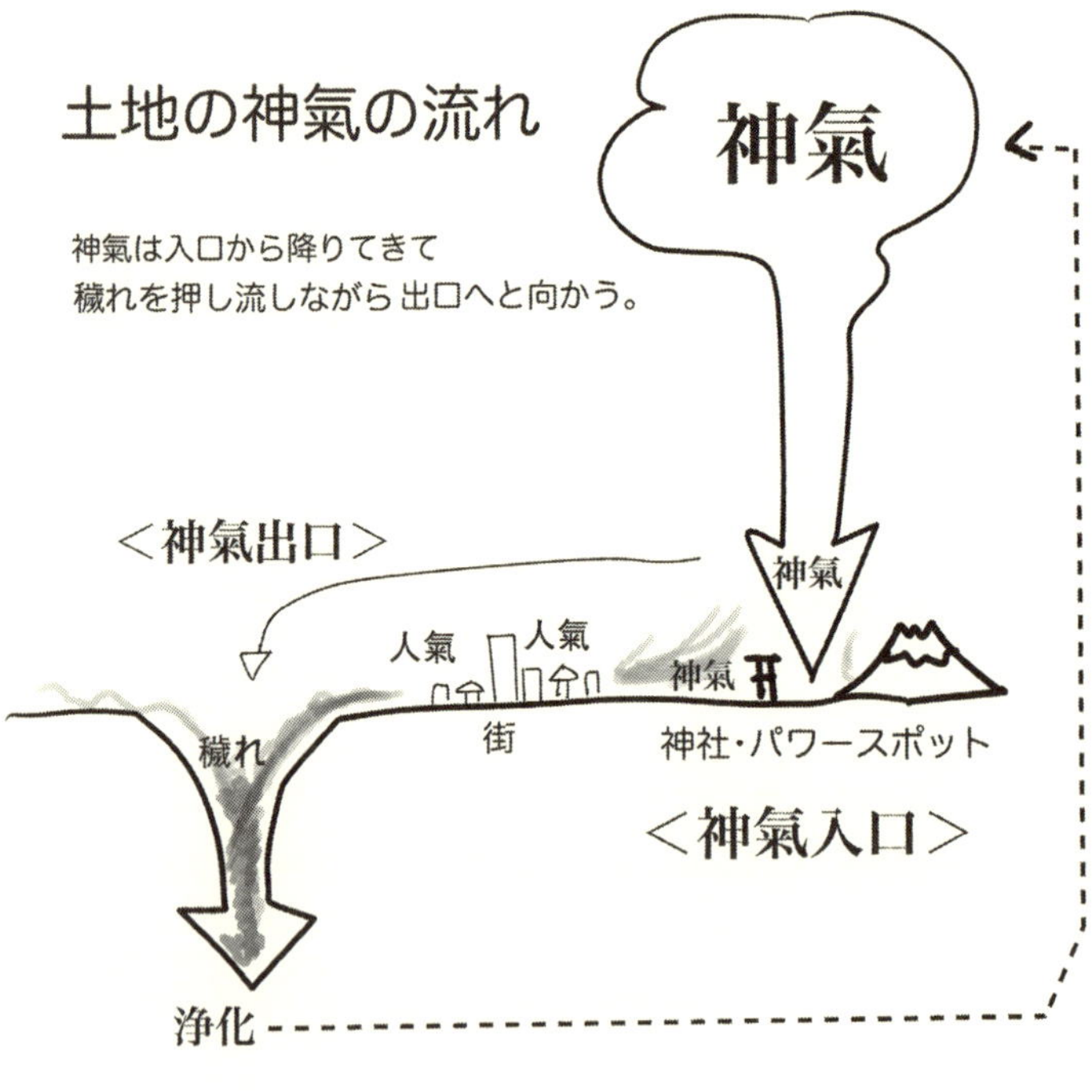

図10　土地と神社のエネルギー関係

来ちゃいますので（笑）。

実は、普段から、こういう相談はよく受けているんですよ。新しく施設を建てる場合、図面を送ってもらって、その中のパワーの流れ方はどうなっているかなどを読みます。ここは土地のエネルギーが入ってくるところ、神氣のあるところだからコンクリートで埋めないほうがいいとかね。後で調べるとそこにちゃんとパワースポットがあったということもありました。現在は施設ができて、飲み水を毎日お供えして、その施設長さんがお供えした水を飲まれていたりしますし。

土地の範囲にもよりますが、大抵、土地にはエネルギー、つまり神氣の流れが存在しているんですが、このエネルギーの流れの〝入り〟と〝出〟を管理するだけで、その土地のエネルギーが良くなっていくことがあります。

その〝入り〟と〝出〟を間違わないようにするのも重要だったりしますよ。

土地と本質

質問者　先ほどから「自分の本質」という言葉が何度も出てきていますが、人が作ったものではなくて、土地や川や山にも本質のエネルギーがあるんでしょうか？

まるの日　山や自然自体が、本質そのものですよね。

質問者　そのものがそこにあるという感じでしょうか？

まるの日　意図がなくそこに存在しているものすべての状態をいいます。それ自体が本質であるというか。だから地震が来ようが川が氾濫《はんらん》しようが、それは全部、本質の動きになりますね。人間が手を加えて氾濫したなら話は別でしょうけれどもね。

質問者　意志はないけど、本質だけある。

まるの日　はい。

土地のエネルギーは変わるもの？

質問者　元々良い気の土地が、よその土地から来た人たちが住むことによって、良くない土地になってしまうということはありますか？

まるの日　新しく来た人が、人氣や穢れを集めていると、その土地はあんまり良くないものになりますかね。

質問者　そういう人には何を言っても通じないでしょうか？

まるの日　まあ、しょうがないですね。その人がいなくなるか、その人自身が浄化されるか、その人が本質に気づいてやめるか。そうしないと難しいですね。土地に大きな人氣を集めているような人が近くにいる場合は、そういう人がいるんだな、ということで、ある程度距離を置いてみる必要があります。

違う視点から見れば「なぜその土地に人氣が求められているか」ということに意味がある場合もありますよ。でも、自分が関わりたくない場合には、近づかないのが得策です。

古戦場と土地エネルギーに囚われる事例

質問者　やはり、古戦場にある神社は人氣バリバリの神社なんですか？

まるの日　まあ、そういうことですね。だから願いが叶いやすいです。

戦場跡地にある神社にお詣りをすると願いが叶いやすいですよというのは、僕の出した小説『願ってイズクモ！』（筆名：丸尾佳　刊：impress QuickBooks　Kindle版）

にちゃんと書いてあります（笑）。さりげなく宣伝しておきますが、あの短い内容に、実はこういった情報をたくさん含めて書いているんですよ。でも、意外と皆さん「イズクモちゃん可愛いね」ぐらいの反応でして（笑）。内容もちゃんとあるんです。

人氣系の神社のほうが願望実現力は高いので、イチかバチかにかけている人は、人氣系の神社にお願いしてみるものありですね。ただし叶ったらその分お返ししないといけないので、必ず返礼してくださいね。

質問者　古戦場には、やはり神社が作られなきゃいけないような成り行きというのがあるんでしょうか？

まるの日　その土地の人氣的なものの穢れを浄化しようとする意図だと思います。お寺の場合もありますけどね。

質問者　実は、知人が古戦場に土地を持っていて、その中に、殺された親王の首を祀っている神社があるそうなんです。そして、その知人の娘さんが治らない病気にかかった後、神がかりになり、そのうち生き神様のように扱われるようになり、結局、親王の首を祀った神社が今では娘さんに降りた神様をお祀りする神社になっています。娘さんはお告げも受けていて、その内容は死んだ後にまで及んでいるそうで、娘さんはその神様に一生の契約を結んでいるそうです。

ここは地域でも力のある神社とされていて、崇敬者、信奉者もいます。この崇敬者たちも同様に、一生力を貸さなくてはならないといわれているそうです。

その土地に戦があったのはかなり昔のことですが、いまだにこういうことがあるのは、やはり戦の影響が残っているということなんでしょうか？

まるの日　それだけ、その土地が滞っているということでしょうね。そしてその娘さんは、死んだ後まで働かなくてはならないので、なかなか損な役回りですよね。

こう言うとなんですけれども、そういう土地に捕《つか》まった人は、死ぬまでその土地に縛られます。

質問者　周囲にいる崇敬者も、一生縛られるということですか？

まるの日　というか、その土地の浄化に力を貸しているということでしょうかね。

質問者　崇敬者はまったく無駄なことをしているというわけでもないんですね？

まるの日　まあ、お仕事だと思えば。土地全体を浄化するためのお仕事をやっていると。

こういう案件は、部外者は立ち入らないほうがいいですね。その娘さんも、崇敬者に対しても、どちらも自分が解放してあげないといけないというように思わないほうがいいということです。なぜかというと、土地のエネルギーと人の念が絡んだ案件というのは、一番やっかいなんです。そこに関わると自分が取り込まれます。それでもかまわないのであれば、別に止めはしませんけどね。

僕に寄せられる相談の中でも、この手の相談が一番やっかいですね。だから「もうどうしようもないですよ」としか言わないんです。なぜかというと、そこに関わって僕の人生を捧げるつもりは一切ないからです。やっぱり、こういう場合は距離を置いてくださいとしか言いようがないです。

距離を置いて、娘さんも信奉者も、その土地にあるエネルギーに捕まっているんだなと傍観することです。

ただし、現実的な援助を求めてきたときは助けられる範囲で惜しみない援助をしてあげてくださいね。スピリチュアルな手助けはできなくても、現実面での援助を行うのは問題ありません。むしろやってくださいという感じです。

質問者 わかりました。

質問者B たとえば、自分がその土地との因縁的なつながりができてしまった場合、引っ越しするなどして距離を置けば、ある程度、回避できるんでしょうか？

まるの日　その土地に囚われている人は、別の土地との縁を強める必要があります。たとえば引っ越した先で結婚して子供を作って家庭を持つ。すると、その地に足がつきます。そうやって元の土地との縁を切ります。男性でも女性でもそういうやり方があります。

ですから、「駆け落ち」というのが、その土地から逃れるための一つの手法として使われる場合もありますね。ただ浮かれた若いもんが出ていくだけだったら話は違いますが（笑）。そういう人たちはどうせまた帰ってくるでしょうし。

土地のエネルギーの話は、なかなか根が深いので、捕まらないように気をつけましょうということです。

でも、基本的にこういう会に来たり、本を読んでいる人は捕まらないです。なぜかというと、土地のエネルギーに捕まる人は「自分の行動が正しい」と思っているので、まずこういう話を聞きに来ないんです。ですから皆さんは安心だと思ってください。大丈夫です。多分（笑）。

土地エネルギー・人氣エネルギーと過去生とパートナーの関係

まるの日　ただ、今後パートナーになる人が「土地に捕まりそうだ」となったら、注意してください。特に霊的能力に優れた女性は、〝土地エネルギーに捕まるパートナー〟のターゲットになりやすいです。なぜかというと、霊的能力が高いということ自体、自分の本質につながっている場合が多いからです。

本質のエネルギーにつながっている人は、神氣と同じ波長でもある「本質エネルギー」をうまく土地に流してくれたりします。それに、本人のエネルギーが枯渇しそうになっても、パートナーが本質につながっている場合は、そこからエネルギーを奪うことができるわけです。期待させたり、落ち込ませたりして。

今回のような、こういう話を聞きに来る人は、本質につながるセンスが高いとも言えますよね。そして、土地のエネルギーなどに捕まる人は、そんなエネルギーを自分に補給してくれる、本質につながっている人自体を引き込もうとしますので。

霊能力の高い女性はこういう方に引き込まれやすかったりしますので、特に独身の女性の方は気をつけてくださいね。

質問者　じゃあ、パートナーに違和感があったら離れるのも得策ですか？

まるの日　そうですね。大体こういう人はしつこいです。違和感を感じたら近づかないのが得策ですね。

質問者　土地エネルギーに捕まっている人は、その土地を離れたがらないから、土地を転々としている人は該当しないと考えていいですか？

まるの日　そうですね。基本的に土地エネルギーに捕まっている人って「この土地が気に入っている」「ここで結婚して子供を持って子孫代々ここで生きたい」「ここから離れたくない」と言うことが多いので、こういう発言をする場合は、可能性が少しあるという感じでしょうか。

でも、農家を営んでいて、飛行機が嫌いだからって理由でこういう発言をしている人は該当しないので、人それぞれのところはありますよ。

質問者　霊能力の高い女性に向けて発言されているようですが、霊能力の高い男性は、土地エネルギーに捕まる女性から引き込まれないんですか？

まるの日　はい。男性は、あんまり役に立たないんですよ。やはり女性のほうが本質とつながっているラインが太いんです。

それに土地のエネルギー、地球のエネルギーにつながるのは女性のほうが強いものです。

直感が鋭いのはやはり女性ですよね？　それはつながりが太いからです。男性は理屈で考える脳自体が発達してしまうので、つながっていても、まずは理屈でそれを抑えようとして、直感自体をすぐに遮断してしまうんですよね。

女性のほうが土地エネルギーに捕まっている場合には、パートナーにする男性が本質につながっているかどうか自体あまり気にしないですね。もしこういう女性がパートナーを選ぶとしたら、早く亡くなりそうな男性を選びます。一つの方法としてですけどもね。

土地に捕まる女性に選ばれる男性というのは、元々自分が本質とつながった上でそういう女性と一緒になって、亡くなるときに女性が持つ穢れとか土地エネルギーの穢れ、囚われを一緒に浄化する役目を持っているので、こういうワークショップには来ないです。こういうこと自体にまったく興味を持たないです。

質問者　確かに、占い師の旦那さんなんか、早くに亡くなってることが多いですね。

それって、こういう理由だったんですね。

まるの日　人氣を使われている方にも多いですね。女性はいいんですが、その旦那さんが、人氣から派生する穢れを受けて亡くなる可能性がありますね。

質問者　そういう場合、男性側のガイドはどうしているんですか？

まるの日　それがすでに、役割、仕事ですから。まあ、カマキリの雄みたいなもんです。カマキリの雄はそんなに考えないで行動しますよね？　食われるかもしれないなんて予知しないで行きますよね。そういうことです。

そもそも意識が行かないんですよ。こういう話も聞かない。だからそんなに心配しなくていいです。話を聞くと、こういう生き方の男性は少しかわいそうな気がしますけれども、本人はこれを本質の中で選んできているので、たとえばその女性の占いを受けて助かる人がいたら、助かる人の人氣エネルギーを、亡くなる旦那さんが受けているということになります。

スピリチュアル的に見ると全部バランスが取れているということになりますね。

人によっては無意識に利用している女性もいます。男性エネルギーを取って自分のものにした後はポイと。逆もいますよね。男性でも、女性のエネルギーを取る人。それも同じです。でもこういう場合は、過去生からの摩擦を解消している場合もあるので、一概にエネルギーを取り合う関係というだけではなくて、根が別の場所にある場合もあります。

人氣と神氣の話から過去生の話になっていますが、実は全部つながっている話です。人氣を探究するほど、過去生からの影響を受けているんだなということがわかってきますし、別の世界線まで含めると、もっとややこしい話になってきます。

ただし、それに気づいて「変えねば」と思うことができた人は、その運命から逃れることができます。

土地全体のエネルギーを保つしくみ

まるの日　神氣と人氣の話がわかってくると、土地全体のエネルギーバランスを保つしくみも見えてきて面白いですよ。

土地には神氣の入りと出があると言いましたが、もう少し詳しく言うと、「入口」は神氣が降りてくるスポット、「出口」はエネルギーが吸い込まれていく奈落《ならく》のようなスポットになっています（図11）。

で、神氣が降りてくるスポットは、大抵、神社になっています。

奈落スポットは、普通に家が建っているか、お寺になっているか、一部には人に忌み嫌われることと封じる目的で、やはり神社になっていたりします。

皆さんにも、自分が惹かれる土地や好きだなと感じる土地ってあると思うんですが、自分がある土地に惹かれる理由には二種類あります。

一つは、呪われている土地。

一つは、場が良い土地。このど

奈落スポット
本質ではない「欲」、「穢れ」などが神氣に押し流され、吸い込まれていくところ。
恋人〜
エロ〜
人氣が多く集まる場所となる。

図11　土地エネルギーの奈落ポイント

ちらかです。

「呪われている土地」と呼ぶのは、奈落スポットにあたる場所のことです。

奈落スポットにある神社にお詣りをして、この神社の人氣エネルギーにつながると、土地に囚われる、縛られる。そして面倒なことが起こります。

なぜなら、こういうところは神氣が穢れを流してきた終点であり、人氣の濃く溜まっているところでもあるからです。

ちなみに、奈落スポットがお寺になっている場合は問題ありません。

なぜなら、そこでは毎日お経が読まれ、祈りが捧げられ、人氣や流れてくる穢れを常に浄化し続けている状態になっているからです。なので、お寺の場合はそんなに心配いりませんが、神社は常に人がいないところも結構あるので、人氣が溜まり放題な状態になる可能性はあります。

そして、実は、人氣が集まるという場所は、うまいこと使うと経済的な豊かさを手に入れることも可能です。お寺のお坊さんがベンツに乗っている場合、果たしてそういうことなのかどうなのか？

なぜなら奈落ポイントは、その土地のエネルギーが吸い込まれるポイントなので、先ほど言いましたようにエネルギーが集まる場所でもあるんです。そのためにここに家が建っていると、家主がお金持ちや地主さんになる場合があります。

そしてこの家の一族は、土地から出ていくエネルギーを補足する仕事をするために、どんどんこき使われていきます。これが土地に囚われる人が「お仕事」としてやっていることです。かわいそうと思わずに、役割と思ってください。土地に縛られるという仕事をしているだけなので。その分、報酬は社会的地位や経済的なものだったりしていますし。

呪いの土地に住んでいる人と日常生活で仲良くしていても、別段問題があるわけではありません。ただ、こういう土地に住んでいる人と結婚したり、身内になったりすると、その土地のエネルギーに巻き込まれることになります。いろいろと面倒くさいことにもなりますところ。

何度も言いますが、呪いの土地に魅入られている人を積極的に救おうとは思わないでください。戦場で戦っている兵隊に向かって「そこは危険だからこちらへ」とか言っても誰も聞いてくれませんが、逃げ出そうとしている人はこちらの話を聞いてくれます。そんな感じで、最中の方は難しいですが、そこから出ようとしている人を引き上げるという手助けなら良いと思います。

東京と地方の土地的エネルギーの違いはなぜ生まれるのか

まるの日　高次元的に見ると、奈落ポイントに回収されたエネルギーは循環しています。いろんな瞑想メソッドでよく、「余分なものは全部地球に流しましょう」と聞くと思いますが、それと奈落ポイントへエネルギーを流すのは、同じことです。全部循環しているということです。

先ほど古戦場の話をしましたが、田舎の古戦場だと慰霊の規模は何百人という単位だと思います。それに比べると東京は、過去に江戸の大火事や関東大震災や東京大空襲などがあったので、人数的には東京のほうが大規模です。

けれども、東京と田舎の古戦場を比べると、田舎の古戦場に対して敏感に反応する人のほうが多いですよね？

なぜかというと、東京はそれだけ神氣と奈落のシステムがうまく働いている土地ともいえるからなんですよね。東京にも、神氣が降りてくるスポットと、その神氣によって人氣が回収されていくようなスポット（奈落）の両方があるんですよ。

田舎って何十年経っても風景が変わらないところがありますが、東京だと数年で一変するぐらいサイクルが早い。だから東京で悲惨なことがあったとしても、エネルギーサイクルが早いんです。

一方、田舎の古戦場だと変化がゆるやかなので、エネルギー的にも残っている。だから東京のほうが亡くなっている人は多いのに、古戦場のほうが反応する人が多いということがあります。

さらに、東京には人為的に神氣を降ろしている場所と、エネルギーを回収する奈落スポットがうまく配置されて作られているという面もあります。エネルギーの入ってくる神社とエネルギーの出ていくところにあるお寺の配置、その辺りが絶妙なのですよね。だから人口も増えるのですね。

田舎はそんなに開発しませんから、いつまでも、ある場所がエネルギー的に、どよーんとしているということが起こります。そしてたまに地震が来たりしますよね。

阿蘇は熊本地震の後、久しぶりに新しい道ができたり、山を貫くトンネルができたりと新しい流れが生じています。

田舎の古戦場だと敏感に反応して気分が悪くなる人が、東京に住めるのは以上の理由からです。東京のほうがエネルギーサイクルが早いので、住みやすいと思います。

神氣と人氣が波を起こしていく

まるの日　土地の中でも神氣が降りてくるところに神社が建つわけですが、神氣の周りには人が集まってくるのでマンションなどが建ち、結果的に人氣エネルギーも増してくるので、**神氣と人氣は、その土地に波紋のように広がっていきます。**

これが良い波紋、つまりハーモニーを奏でるように相乗していくような波紋が広がると、良い流れができます。一方で良くない波紋、つまり神氣と人氣がお互いを打ち消し合うような波紋になると、良くない流れが起こります。

東京に住んでいる人が、地方の古戦場に行って、どよーんとして帰ってくるというのは、地方の古戦場のエネルギーを東京に持って帰って浄化しているようなものです。無意識にそういう霊的な活動をしている人もいて、地方のいろいろなところを回ったりしています。もっともこれはいつも僕がやっていることと同じです。もし地方に行って気持ち悪くなっている人がそばにいたら「この人、悪いエネルギーを持って帰るという仕事をしてるんだな」と思って温かく見守ってあげてください（笑）。

東京に行くと、平日は「ごちゃごちゃしとる」という地域も、土日になると急に「神氣を感じる」ことがあります。

先日のワークショップ会場は神保町だったんですが、平日に神保町へ足を運ぶ方が、普段より町が空いている土日に神保町へ来たので、「今日は、清々しい空気が流れてて驚きました」というようなお話をしておりまして。同じ地域でも、人の気配が去る時期や時間帯に、土地のエネルギーを感じられることがあったりし

皇居の周辺

ます。

皇居周辺で休日にランニングしている人は、無意識にそういうものを感じているのかもしれませんね。

神社ミッション

神社ミッションとは、ある目的を持って神社をめぐること。この本では、人氣エネルギーに遣わされて神社めぐりをする場合と、神氣エネルギーに遣わされて神社めぐりをする場合の二パターンを指す。

質問者　人氣系神社に通うような「神社ミッション」にはまっている人というのは、ひたすら人氣エネルギー循環に加担させられているだけになってしまうのでしょうか？

まるの日　はい。人氣エネルギーにはまったら、その人氣系神社に所属するために何らかのエネルギーを発生させなきゃいけないですね。要は、契約社員みたいなもんです。安い給料で、最低限の待遇で、循環の中に巻き込まれているわけです。
神氣側なら回収はないですから、大丈夫ですよ。

質問者　人氣側の神社ミッションは、やめた瞬間に大変なことになります？

まるの日　行くのをやめたら、支払いが滞った分を回収されますね。すごい借金取りみたいですね（笑）。しかし自分がその神社に行かなくとも、別の方法でエネルギーを流していたら、スムーズに離れられますよ。
だから、人氣系神社ミッションにはまっている人は「この神社に行くといいよ」とか「運が上がるよ」なんてよく言ってますが、こういう発言は、「人氣系エネルギーから言わされているのかな？」と見ることができますね。

質問者　自分が、ただその神社に行くのが好きという人は、神氣系の神社ミッションの場合が多いんでしょうか？

まるの日　そうですね。

質問者　旅行の途中に、成り行きでその神社に行くことになったという場合はどうですか？

まるの日　その場合は、神氣系が多いですね。

質問者　それは呼ばれるということですか？

まるの日　呼ばれる感じですね。**神氣系の神社ミッションとは何かというと「土地と土地を結ぶこと」です。土地と土地を結ぶと、神社同士のつながりが良くなるんです。**たとえば、僕がこうしてしょっちゅう東京に来ていることには、南阿蘇と東京をつなぐ役割があるわけです。この役割がある間は、こういう仕事をずっとしないといけないところです。

僕が東京に来ないタイミングでは、別の場所と南阿蘇をつなぐお仕事をしているんだなと思っていただけるといいと思いますよ。

神氣の神社からエネルギーをもらって「このエネルギーを広めなさいよ」というミッションを無意識に受ける人も中にはいるんです。こういう人は、その神社が気に入って「ここのエネルギーをよそにおすそ分けしよう」という気分になって、その神社に関わります。こういう人が持ってきた御札《おふだ》は、全然ＯＫです。

質問者　最近、神社ミッションをされている方に「各地の神社の雰囲気が変わってきている」と聞いたことがあるんですが、まるの日さんは何か感じることはありますか？

まるの日　神社の役割というのは、その時代時代で変わっていくところがあります。「同じ神社内にも、神氣と人氣の二つがある」とお伝えしてきましたが、その神社内の神氣と人氣の比率が変わることで、だいぶ雰囲気が変わってきますよ。たとえば人氣側のエネルギーが大きくなって、神氣が圧迫されている場合などです。

こういうところに、龍を感じるという方が行くと「龍を解放するために神社を回っています」とおっしゃいますね。龍を解放することで、神氣を解放してエネルギーを調整して、神氣を露出されています。

「何かが抑えつけられているので自分が行くんだ」という方は、人氣祓いミッションをされているんですね。こういう方は神氣側からちゃんと報酬が来るので、それなりにいろんな神社に行けるようになっていると思いますね。

特に今は、ご利益主義ですから。神社に人氣ばかりが集まってくるようになると、自然災害が来て拝殿がつぶれたりするんです（笑）。そうやって強引に開けさせられたりするんです。

質問者　ということは、自分も自然な流れで神社へ行くことになる場合は、土地と土地をつなぐためと考えればいいですか？

まるの日　そうですね。そういうときは、素直に乗っているとちゃんと見返りの給料が払われます。たとえがベタですけれども。

要は、神氣側も、それぐらいのエネルギーの付与はあるということです。働いた分として。だから一応、神氣系の神社ミッションに乗って行動している人は、それなりに生活は安定すると思いますよ。いろいろなところから援助が来たりとか、手助けが来たりとか。

質問者　神氣系の神社のご褒美は、神社に行った先で入ったご飯屋さんがおいしかったとか、そういう感じですか？

まるの日　そういうこともあります（笑）。

質問者　たまたま行った旅館のグレードが上がったりとか？

まるの日　そういうのもありますね。エレベーターがしょっちゅういいタイミングで来るとか、その程度で終わることもあります。満足度がレベルアップするんですね。まあリアルでお金で来ることもありますから、ちょっとその辺はなんとも。まあ、向こうとこちらの流れ次第ですね。

神氣の神社から受けるお仕事・お役目

質問者　神社に入ると、たまに花が咲いていないのに花の匂いがすることがあるんです。これは人氣側からのパフォーマンスなのか、それとも本当に神氣があって、それを匂いとして感じているのか、どちらでしょう。

まるの日　神氣だと思っていいと思います。むしろ、歓迎されていると思っていいと思いますよ。

その神社に神氣的な神様か何かがいるとしますよね。そこに自分の仕事をしてくれそうな人が来ると、一応歓迎してくれます。歓迎の雰囲気というのは、虹がかかるとか、花の香りがするとか、タイミングよく雨が上がるとかですね。こういう場合には、基本的に良い気で、その神社に歓迎されていると思っていいと思いますよ。

質問者　気持ち良い風がざーっと吹くなどは？

まるの日　そういうのもそうですよね。木が揺れ出すとか。

質問者　そのときに頼まれるお仕事の内容って、どういうものがあるんですか？

まるの日　ただ、**行き来するだけでいいです。特に何かするわけじゃなくて、そこが気持ち良いなと思って、地元に帰ってくる。そのことで、地元とその神社のパイプがつながる**んですね。大体、パイプ作りのために呼ばれることがほとんどなので、皆さんが「あ、この神社行こう！」と思ったら、この仕事が待っています。そうすると、必ず何かしらのご褒美が来る。どんな形かはわかりませんけれどもね（笑）。

僕の事例でいうと、僕は阿蘇に住んでいますが、最近は神戸でワークショップをやることが多くなりました。神戸と阿蘇は、日本の龍脈でいうと、ちょうどつながっているんですよね。熊本が龍の頭に該当します。神戸は心臓の辺り。だから地震でつながりますね。東北は龍の尻尾にあたります。関東はちょっとずれていますね。２０１６年に熊本に地震を起こしている龍はこういう流れで動いている。その後、四国でもちょっと地震がありましたね。これは前足。すると、後ろ足がちょうど南海トラフの場所に該当します。だから次の地震は、関東というより南海かなという気はします。

で、僕の役目は、この龍脈の上にある熊本と神戸をつなぐことかなと。最近仕事でよく行きますのでね。そこで開催すると一応お客さんも来るし、ロゴストロンももらえるし、まあいいかなと。実は、その前は大阪にばかり行ってましたね。それが熊本地震のあった年から神戸との縁がつながりました。

だから、縁があるところには全部行っておくと、それは全部必要だということになります。

かっこいい言い方すると、僕は日本の龍の動きをおとなしくさせるために各地で活動しているわけです（笑）。ですが、普通に旅行している人はみんな同じことやっているので、特別なわけではありませんよ。

地球規模で見る神氣と人氣

質問者　人氣とつながってエネルギー回収中の人が亡くなった場合、エネルギー回収はそこで終わってしまうんですか？　それとも、身内など、ほかの人が回収分を引き継がなくてはいけないんですか？

まるの日　人氣エネルギー回収のためにその方が亡くなったのだすれば、エネルギー回収はそこで終わっています。

よく家を建ててローンを組むと、一緒に保険に入らされるんですよ。ローンを払う人が死んでしまったら代わりに払ってくれるのが保険です。だから僕が今、急に倒れて働けない状態になったら、保険が出てローンが支払われる。

それと同じで、人氣も、その方が亡くなったことで支払い不能になったら、どこかしらに「謎の保険会社」みたいなところがあって、ここがエネルギーを代わりに支払ってくれます。謎のところが、別にちゃんと存在してるんです。

質問者　じゃあ、心配しなくていいんですね。

まるの日　心配しなくても大丈夫です。この「謎の保険会社」っていうのは、いわゆる国が持っているエネルギー。国土が溜め込んできたエネルギーが消費されたりするんです。つまり人氣につながっている人がどんどん支払い不能になっていくほど、謎のエネルギーが消費されるので、その国力は、どんどんと落ちていきます。国力というか、国の活性力というか。

質問者　それはカルマでしょうか？

まるの日　そういう言い方もあります。これは本当に国の借金みたいなもんで、足りなくなったら国が補填《ほてん》するわけです。そんなイメージです。だから、人氣のほうがあまりに発展しすぎると、やっぱり国とか地域がエネルギー的に弱くなっていきます。
だから「なるべく皆さん神氣につながりましょう」という話にもつながっていきます。

実は、神氣や人氣の話は、自分たち個人の問題ではないんですね。

神氣と人氣というエネルギーの二つの流れは、地球創生時からあります。大きく見ると、地球自体にもエネルギーの循環が必要です。その循環のために、神氣と人氣が使われています。

神氣と人氣というのは、地球誕生のときから連綿と人類の歴史の中で受け継がれてきた流れのバランスでもあります。それがそのまま神社の中にあるということです。

人氣は、どちらかというとアトランティス系です。神氣は、レムリア系です。

※アトランティスとレムリアについてはP191参照

もっと言うと、この宇宙が生まれる前の、別の宇宙から原因はあるのですが。

要は、それぐらい昔からあるんです。社会、世の中にある本質的なことですし、根源的にあるエネルギーの循環方法の話なので、どちらが良い悪いはないんです。

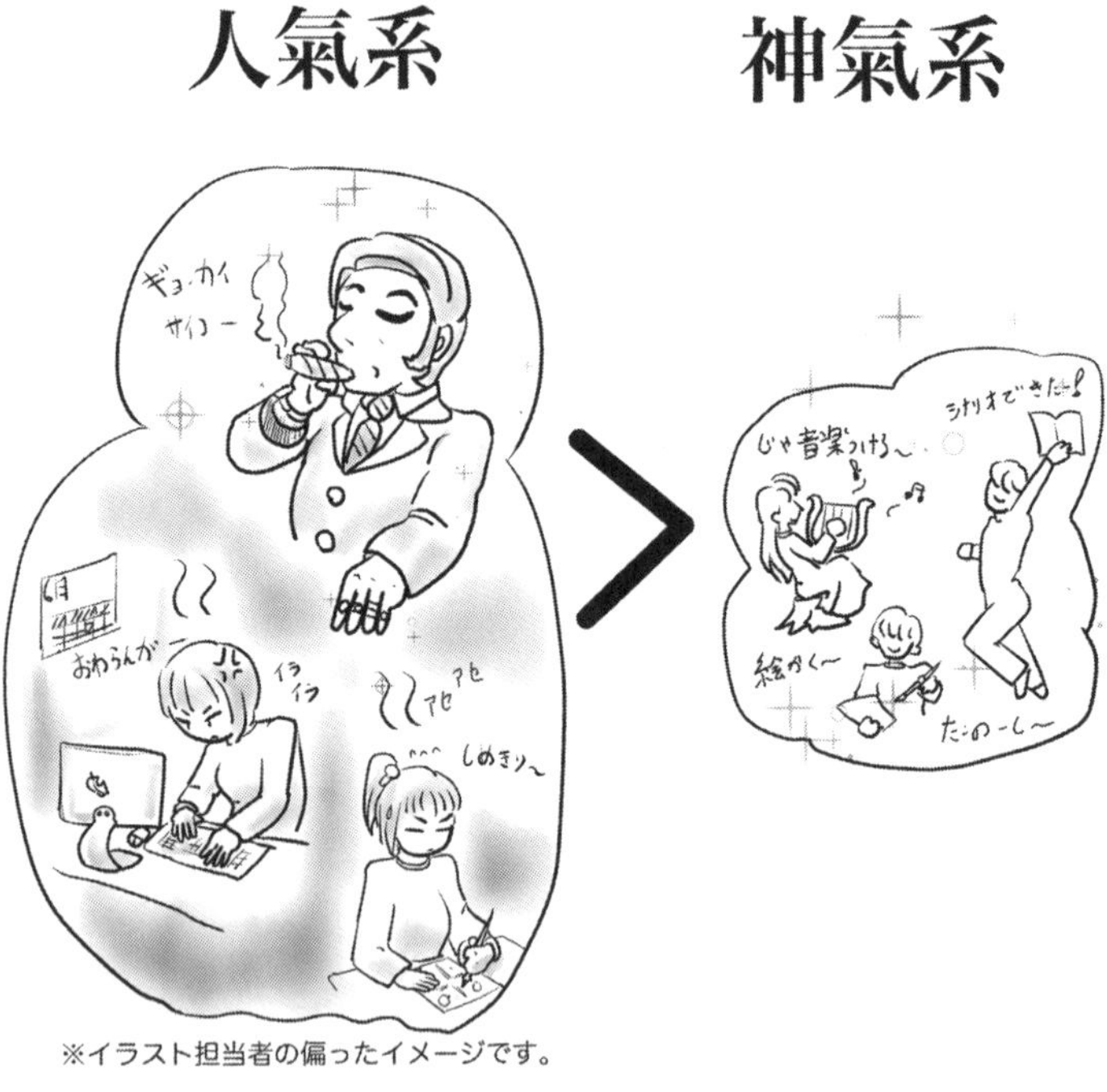

図12　世界の人氣と神氣の勢力バランス

ただ、勢力的に見ると今、図12のようになっているので、ちょっと改善が必要かなと思います。

社会的に、今までは人氣系が断然強かったんです。人氣系とは、いわゆる今の経済システム。そして、これからの社会は神氣系に傾くであろうというイメージが僕の中にあるんです。なのでこの話をしているんですね。

人氣と神氣を形で表すとしたら図13（次ページ）のような感じです。
人氣は右肩上がりのエネルギー。神氣は一定の調子を保つエネルギー。
これまでの経済って、高い低いという差があったと思うんです。でもこれからは、この差がなんとなく埋まっていくような、そんな社会が来るでしょうという話になりますが、いつ来るのかはわかりません。

地球のエネルギーの流れを見ると、エネルギーは火山などから出て、火山などがない地域に収束していきます。環太平洋から出たエネルギーが中東に吸い込まれるとい

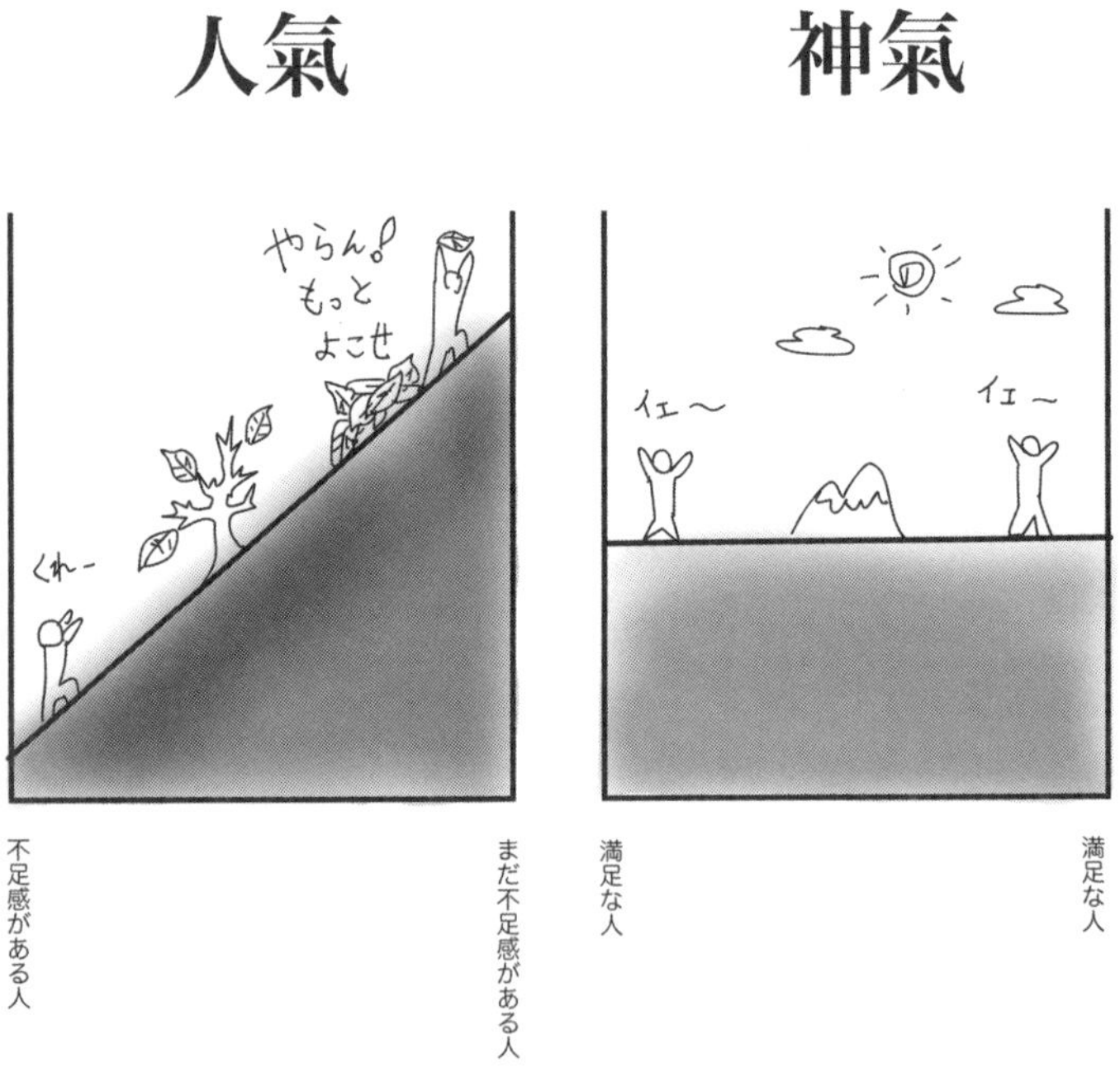

図13　人氣と神氣を形にすると

うようなイメージでしょうか。アメリカは国内でうまく循環していると思います。

　アメリカや西欧諸国がどうやって発展しているかというと、人氣をどんどんとかき集めているわけです。しかし日本がそれなりにやっていけているのは、どちらかというと神氣とのつながりが強いからという見方もあります。だから、より神氣を活性化させていきましょうという人がスピリチュアル系の人に多い面もあります。スピリチュアルをやっていると、日本という国、国土が持っている本質のエネルギーが好きになっていきます。

　でも、人間が生活する上で、人氣と関わらずに生きていくことはできないので、神氣も人氣も、どちらのエネルギーともうまく関わっていきましょうということです。

　こういう話を外でいると、いろいろと誤解を受けたり突っ込まれやすいので嫌なんですが、やはり日本というのは、国の力に神氣エネルギーが強く関わっていると思います。

質問者　日本以外にも神氣エネルギーが強い国というのはどこがありますか？

まるの日　僕のイメージで言うと、長く維持できている国家には、国自体にエネルギーがありますね。

アメリカというのはどちらかというと人氣で国を作っているイメージがありますね。でも、ネイティブアメリカンの人たちがその土地で培ってきた神氣もしっかりと残っている。だから、そのバランスをうまく取ると、うまく発展するイメージがあります。ほかに、中国は潜在的にエネルギーがあるはずなんですよね。あるはずなんですけど、今人氣が強くなっている気がします。

国家的にバランスがうまくいっているのは、地図で言うと大陸の真ん中辺りです。中国の隣辺り。

質問者 チベットとか？

まるの日 チベットとか、あの辺ですかね。その辺は力が強いですね。山脈があったりする場所。

質問者 ヒマラヤ？

まるの日 そうそう。ヒマラヤ近辺とかは、周囲に、縦に線がいっぱい走っています。

質問者 断層ですか？

まるの日 まあ、断層とか、地形的にエネルギーが噴き出すところです。日本なんかは、まさにそういう地形ですよね。地形的なエネルギーが噴き出すところというのは神氣が強いところが多いですね。

参加者　それは、自然のエネルギー＝神氣ということですか？

まるの日　そういう雰囲気ですかね。高次元のエネルギーと、火山があるところは大体リンクしています。

質問者　火山がない中東辺りが紛争が多いのはそういうことですか？

まるの日　そう断言するとなんか言われそうですけど（笑）そうだと思います。ヨーロッパも火山がないですよね。そういう見方をしてみると、今、僕が言った読み方も、面白いかなと思います。

質問者　バルカン半島とか、紛争が起きますね。

まるの日　じゃあ、イタリアは？　というと。

質問者　あそこは火山が多いでしょう？

まるの日　あの辺りはローマが発展しましたよね。

火山噴火や地殻活動が強力なところは神氣エネルギーが強いということで、それは阿蘇も該当します。

阿蘇の土地エネルギー

まるの日　一言で阿蘇といっても、阿蘇市と南阿蘇村ではまたエネルギーが違うんですよね。

阿蘇市は、阿蘇山（阿蘇五岳）を挟んで南阿蘇村と分かれているんですよね。南阿蘇村の隣は高森町をはさんで宮崎県の高千穂です。高千穂というのは天孫降臨が起こった場所と言われていますよね。つまりレムリア側のエネルギーです（図14）。僕が住んでる南阿蘇もレムリアです。

一方、阿蘇市はアトランティス側の

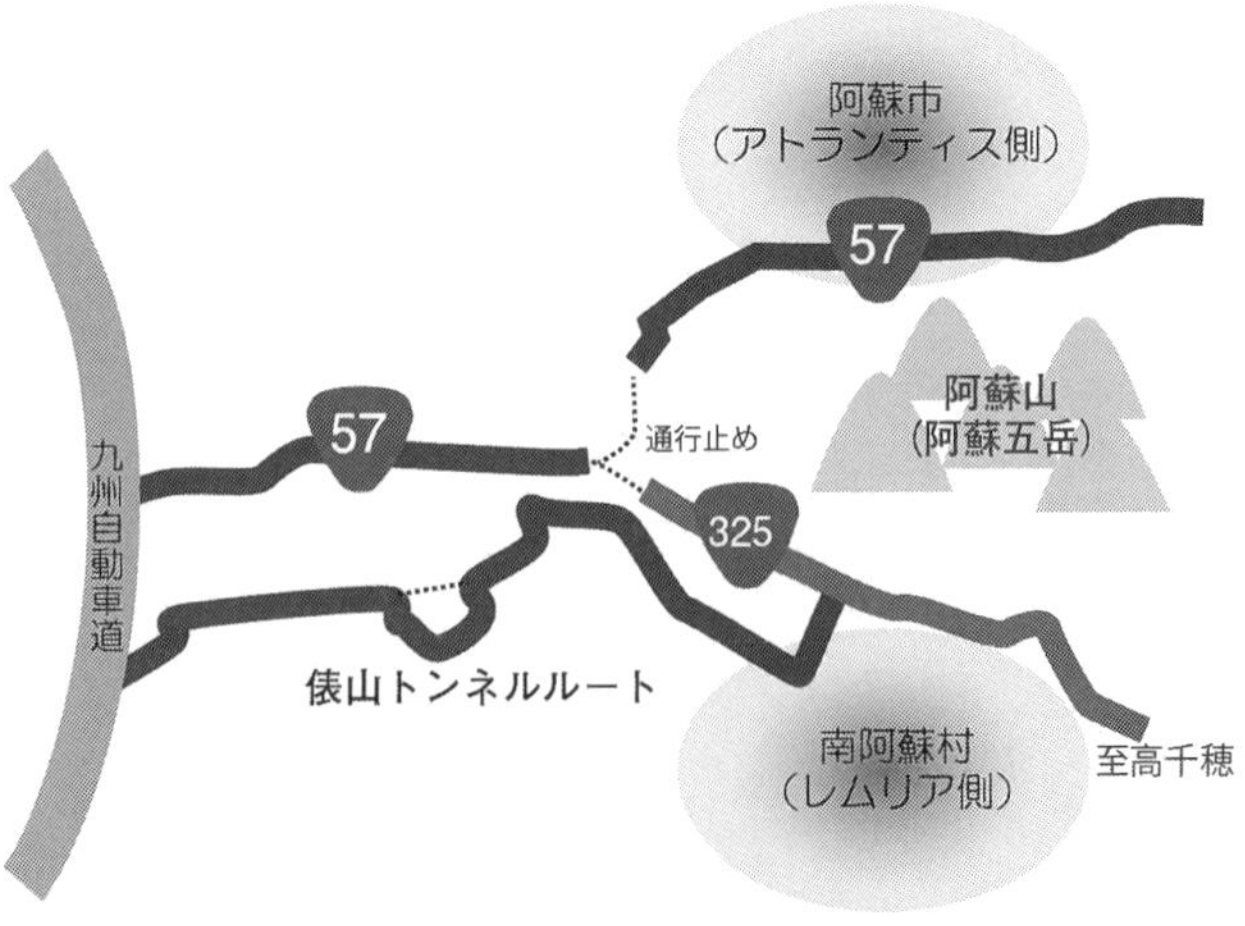

図14　阿蘇市と南阿蘇村へのルート

エネルギーです。ちょうどこの二つのエネルギーが南阿蘇手前の山辺りで融合しています。

こんなふうに土地のイメージを見るのも面白いですよね。阿蘇市は、火山の中に二つのエネルギーが拮抗している場所になっています。いい場所ですよ。宣伝しておきます（笑）。ただ、地震で道がなくなったので、今はルートが減ってしまいました。

これは熊本地震に関連した話なんですが、元々は国道57号線がメインルートとして熊本市内を横断しているんですね。熊本市内方面から南阿蘇村に行くときには、57号線から赤橋を渡って南阿蘇へ入っていたんです。ほかに僕がいつも使っている俵山トンネルルートもあります。

ところが地震で57号線が使えなくなりました。そのために阿蘇市側のエネルギーがパッと遮断されたんですよね。一応、ほかの細い道は入っていますけれどもね。

その代わりに、今よく使われているのが、うち（南阿蘇村）の目の前にある俵山ルートです。だから今は、阿蘇市内よりも、南阿蘇のほうが動きがあります。

この事象から見ても、今はレムリア側が隆盛といえます。

ちなみに、阿蘇神社が建っていたのはアトランティス側です。

ちょうど阿蘇の火山を中心として、平行四辺形の頂点に、4神社が配置されています。霜神社、竜王社、八坂神社、そして阿蘇神社。竜王社は過去に山津波で流されています。

今回の熊本地震で、阿蘇神社の入り口が崩れました。この形を見ても、今回の地震では、人氣を排して神氣を強くした感じを受けますね。

八坂神社も地震後はメイン道路が壊れて、しばらく入りにくくなってしまっていました。ここも、人氣を排して神氣を強めている感じ。

なので、阿蘇でも神氣側を活性化する動きが起こっているなと思ったりしています。

実は、僕のリーディングで阿蘇を語るだけで、レムリア、アトランティスから、日本の天皇家につながる話までさらっとできるんですけれども、今回は目的が違うのでおいておきますね。

四国のエネルギー

まるの日　2016年に四国でワークショップを開催したんですが、そのときに

「近々四国で地震がありますよ」と伝えて、その通りに地震がありました。

質問者　「四国は日本の基本的な部分の押さえを行っている」とブログに書かれていましたが、何を押さえているんですか？

まるの日　龍というのは、手に宝珠を持ってますよね？　だからここには宝珠に該当する何かがあるでしょうね。そしてさらに伊方発電所（愛媛県）の原発が活動しはじめると、そこが活性化して、地震が起こる。九州にも原発がありますから活性化してます。

まあ、四国それ自体が結界を持っているところもあって、スピリチュアルの拠点みたいな部分があるので、皆が興味を持たないようにできているというところがありますよね。人氣が集まらないように、あまり情報が出されない。というと四国の人が喜びますが（笑）、それは本当のことです。四国はちょっと特殊な地域なので、封じられている雰囲気もある。だから日本地図を描くときに、みんなよく忘れますよね（笑）。

人に興味を持たれないと、神氣に満ちた空気になりやすいということです。

四国には、神氣を確保する理由があると僕は思っています。それは四国が日本の要というか、環太平洋の要的な部分を担っているということです。

僕のガイドの中に、キャプテンという僕の肉体を共有している共有体宇宙存在のキャラクターがいるんですが、そのキャプテンいわく「四国は、古代レムリア、ムーにいた存在とのつながりがいまだに強い地域で、半物質生命体がまだ生息しているエリア」だそうです。とすると、四国の人口が増えると半物質生命体は住みにくくなるんじゃないかと。

ついでに「四国には忘れられたムーの遺跡があるのでは？」と僕は質問しましたが、キャプテンからは「実際に足を運べ」という回答でした。

質問者　四国といえば空海が作った八十八カ所めぐりが関係しているんですか？

まるの日　それは後から作られたものですが、まあ、関係はしているでしょうね。封じられたエネルギーがあるのが四国ですので、行くと面白いですよ。呼ばれたときに行ってみてください。呼ばれたというのは自分に興味が出たときですね。何かしら、清々しい気持ちになるでしょう。

僕が愛媛でワークショップをやった後は、何かが抜け落ちたような感覚を感じました。道後温泉に入らなくても、近くに行くだけでそれだけの効果があります。一応四国の宣伝もしておきました（笑）。ちょっと行きたいなと思った方はぜひ調べてください。そして縁があれば行けると思いますよ。

質問者　私は、ここ3年ほど、京都の鞍馬寺に縁があって呼ばれるようにして通っています。２０１6年の秋に行って、２０１７年1月にも行ったんですが、そこで変化が見られたんです。

鞍馬寺の池に置かれていた龍が持っていた宝珠が盗まれて、なくなっていたんです。これはどういうメッセージでしょうか？

まるの日　やはり、そういう重要なものが外れたということで、日本が動く時期に来ているということでしょうか。

質問者　これは私個人へのメッセージではなくて、もっと全体的なこと？

まるの日　はい。全体的なことかと思います。

補足：「アトランティス」「レムリア」は、まるの日圭の過去生リーディングによりわかってきた、人類創世の時代、地球に人類が生まれる前に存在したエネルギーグループを意味しています。

適切な名前がないので、とりあえず昔から言われているように「アトランティス」

「レムリア」という言い回しを使っています。

リーディングによる人類創生のあらすじをざっくり書くとこんな感じ。

別宇宙から「情報」が地球に訪れ、そこから半霊半物質存在が地球に生み出されていきました。それらが人類を作り出すためのプロトタイプであり、半人半獣のような存在から、美しい存在まで、様々に地上に広がっていました。

その中には、閉じた世界（閉鎖系）でのエネルギー循環、情報の循環を選択し、前の宇宙の記憶を維持させていこうとした「アトランティス」のグループと。

地球意識、宇宙意識、それらのエネルギーと関わりを持ち、その間を流れる膨大な開《ひら》けたエネルギー循環、開放された情報の道を選択し、地球に知的生命体である人類を作り出そうとしていった「レムリア」グループが存在しました。

アトランティスのほうは「粒子技術」という特別な技術を発展させ、それから繁栄と衰退が起こり、そして粒子技術による崩壊を迎えます。

レムリアのほうは「重力を司る技術」を基本に発展し、現在の人類の祖先を生み出し、時間の概念や宇宙の知識を人類の祖先に与えたりしました。

現生人類は、半霊半物質存在であるレムリア人から強い影響を受けていました。ですが、人類が繁栄すればするほど半霊半物質の存在勢力は縮小し、レムリアは次第に「ムー」と呼ばれる状態に落ち着いていきます。

そして、ムーに存在していた半霊半物質の存在が、九州、四国に渡り、今現在、四国にはその残りが生息しているという話もあります。

古代レムリア人と会うには四国旅行ですよ。ただし半霊半物質なので普通の人には見えませんが。

地球には、まずこのアトランティス系とレムリア系のそれぞれの「エネルギーを持った存在」が生み出され、次いで西洋的なエネルギーのアトランティス、アジア的なエネルギーのレムリア、それぞれの性質を持った人類が生まれ、そして争い、交わり、それらの結果が現在の人類になっているという話になります。

アトランティス系は「人氣」の循環系を作ってしまったほうで、プレアデス系のエネルギーでもあります。

レムリア系は「神氣」の流れを重要視していたほうで、シリウス系のエネルギーでもあったりします。

世の中を見ると、これまではアトランティス系の流れが優位でしたが、これからはレムリア系の流れが優位になるというサイクルが存在し、この入れ替わりサイクルは2万6000年周期、という話もあります。

このアトランティス・レムリアの詳細な情報、そして、第3の勢力「メガラニカ（オリオン系）」の情報に関しては、僕のライフワーク的に、有料メルマガでひたすら連載しておりまして。

詳しくはこちら。

まるの日圭の「見えない世界の歩き方」

※まるの日圭ブログ：まるの日〈ヘミシンクのある暮らし〉PC用トップページ
https://blog.goo.ne.jp/marunohi 左サイドに有料メルマガへのリンクがあります。

アトランティスやレムリアの詳細な姿は「アトランティスの記憶」という物語形式で「ケーシー・リング」というペンネームで書いていた時期もあります。

実は、この辺りの話はいくらでもリーディングできるので、時間があったら全部まとめてしまいたいくらいなのですが、いまだ同人誌的な形でしか書籍化はされておりません。それに、量が半端ない。

人類の基本、行動の基本は、このアトランティス・レムリアの時代までさかのぼると、大体ここに原因があり、それをゆるめると過去生の解放も起こるというのが、これまでの経験からわかっています。

この情報を外に出していくことで、人の魂の奥にある「基本の情報」を皆さんに感じていただければと思っているところです。

僕のスピリチュアルな視点、この本にある神氣・人氣、前作『人・物・お金の流れは太くなる』『非物質ガイドとの探索シリーズ』（いずれもヒカルランド）、それらはすべて、このアトランティス情報、レムリア情報が基礎になって描かれているものです。

そんな情報も持ってますので、興味ある人は出版社に掛け合って「まるの日圭の古代大陸系出せや」と言ってくださいね（笑）。

おわりに

神氣、人氣とは、それぞれエネルギーの質であって、良い悪いはないものなのですが、どうしてもそれを使う人の立場によって、かたよった情報になってしまうところがあります。

僕は、本文にもあります通り、神氣大好き。レムリア系でシリウス系なので、神氣寄りの話をしてしまいます。

ですが、今回の本では、神氣と人氣という異なるエネルギーが、世の中に循環しているのを感じていただけたらと思うところです。

ちなみに、今回の表紙絵は「神氣」を感じる絵になっておりまして。前回の本の表紙と描き方が逆になっていたりします。

この本を枕の下に敷いて寝てみたり、表紙絵を飾って家の中に神氣を導いてみたり、そんなこんな、いろいろ活用してください。読むだけでなく実用的な本でもありますよ（笑）。

「この絵の神氣はどっから来とるんや？」

と思われる方もいると思うので、ご説明しておきますと。

阿蘇は二つのエネルギーが交わる領域で、それぞれがうまく共存しているシンボルでもあります。その阿蘇のエネルギー、阿蘇の神氣エネルギーを込めて描いたのがこの表紙絵になります。まるの日圭が「本売れろー」と念を込め、人氣を動かすために描いたものではありませんのでご安心ください。


そして、前作をお買い上げになって、付録の誘導瞑想を聞かれている方に。

「神氣の領域ってどこでしょう？」

という話もありますが、あのカウントに従っていくやり方ですと、１２０以上という感じの領域になります。

誘導瞑想を聞いて、83まで行ったあとに、ご自分で数をカウントしていくと、神氣の感じを味わえるかもしれません。

前回の本と同じく、表紙は僕の絵、内容は東京で行われた「夜会」を基本に構成された内容ですが、こうやって広く興味を持った方のところに届けられるのも、今回の本を出していただけたヒカルランドさんのおかげであります。

良い本に仕上げていくために労力を注いでいただいた編集の岡部様、素敵に僕の絵を表紙にデザインしていただいた三瓶様、そのほか、本の制作に加わっていただいた皆様、そして今回の夜会に参加していただいた方々、本当にありがとうございました。

また次回作でお目にかかれましたら幸いです。

まるの日圭　まるのひ けい
他の筆名に真名圭史、丸尾佳。

某理系大学卒業後サラリーマンお菓子職人となる。元スピリチュアル否定派。

ふとしたきっかけでヘミシンク（音響技術による意識探訪ツール）に出会い、その能力を開花。ヒーラーとなる為の修行期間中に「人の周りに存在する情報グリッド」を発見し、そこにアクセスすることで人の潜在意識の情報を読み取るという独自の術を習得する。ヒーリングサロン「ネコオル」主宰。熊本県南阿蘇村にログハウスとアトリエを持ち体験型ワークショップを全国で展開。

著書に『読むだけでめぐりめぐるエネルギー循環・物質化のしくみ　人・物・お金の流れは太くなる』『非物質ガイドとの探索〈1〉うまくいく人は必ずつながっている 見えない世界と「普通感覚」でつきあう成功法則』『非物質ガイドとの探索〈2〉思い通りの現実を引き出す 受け容れられない、認められない対象こそが「顕現」する秘密』『非物質ガイドとの探索〈3〉豊かさへの広い視野を開く 未来はどこまで「今」に内包されているのか』（ヒカルランド）、『誰でもヘミシンク －サラリーマン「異次元」を旅する』（ハート出版）、共著に『世にも不思議な異次元体験　ヘミシンクで「人生は変えられる」のか？』（松村潔氏、マーブルブックス）など。

ブログ：まるの日〈ヘミシンクのある暮らし〉
https://blog.goo.ne.jp/marunohi

エネルギー使いの達人になる
神氣《しんき》と人氣《じんき》
一つの神社に二つある異なるエネルギーの使い方

第一刷　2018年7月31日

著者　まるの日圭

発行人　石井健資
発行所　株式会社ヒカルランド
〒162-0821　東京都新宿区津久戸町3-11　TH1ビル6F
電話　03-6265-0852　ファックス　03-6265-0853
http://www.hikaruland.co.jp　info@hikaruland.co.jp
振替　00180-8-496587
本文・カバー・製本　中央精版印刷株式会社
DTP　株式会社キャップス
編集担当　岡部智子

ISBN978-4-86471-646-8

ヒカルランド　好評既刊！

地上の星☆ヒカルランド　銀河より届く愛と叡智の宅配便

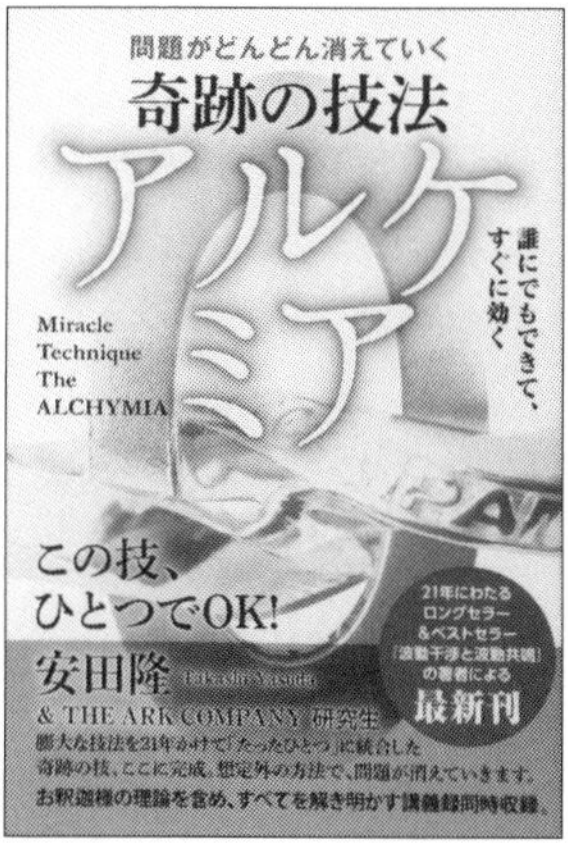

問題がどんどん消えていく
[奇跡の技法]アルケミア
著者：安田隆&THE ARK COMPANY研究生
四六ソフト　本体1,815円+税

社会を根底から変える
シェアリングエコノミーの衝撃！
仮想通貨ブロックチェーン&プログラミング入門
著者：玉蔵
A5ソフト　本体2,000円+税

ワンネスは2つある
新説・精神世界史講座
著者：川瀬統心
四六ソフト　本体1,815円+税

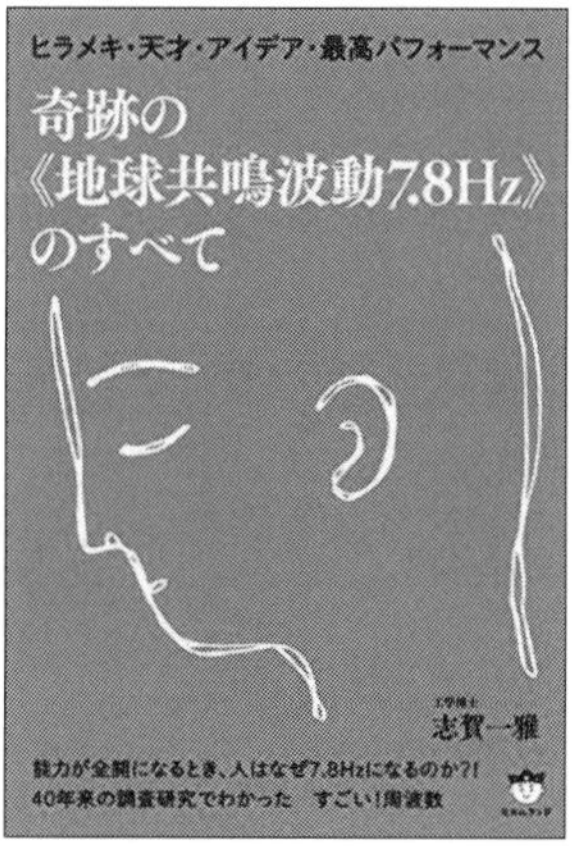

奇跡の《地球共鳴波動7.8Hz》のすべて
ヒラメキ・天才・アイデア・最高パフォーマンス
著者：志賀一雅
四六ソフト　本体1,815円+税